Dietmar Moench

Hans Schales – Leben für Afrika

Seine Lebensgeschichte

im Spiegel einer Freundschaft

edition schaumberg

Dietmar Moench

Hans Schales – Leben für Afrika

Seine Lebensgeschichte im Spiegel einer Freundschaft

SCHAUMBERG

Edition Schaumberg

1. Auflage, November 2015

Texte: Dietmar Moench, Heusweiler

Fotos: Moench, Schales, Privat

Titelfoto: Fotolia@artush

Konzept, Gestaltung, Druckvorlagen: Thomas Störmer, Marpingen

Druck und Verarbeitung: TZ-Verlag,

ISBN 978-3-941095-31-1

Was ein Mensch an Gutem in die Welt hinaus gibt, geht nicht verloren.

ALBERT SCHWEITZER

Wer Hans Schales kennt, weiß, wie wenig Aufhebens er um seine Person macht. Nie käme es ihm in den Sinn, sich durch ein Buch über sein Leben in die Riege selbsternannter Prominenz einzureihen. Dabei ist es ein exemplarisches Leben, das dieser sympathische Arzt geführt hat und führt – ein »Leben für Afrika«. Das hat den Verleger dieses Buchs auf den Gedanken gebracht, Hans Schales »zu umkurven«, indem er es mir überlässt, über diesen besonderen Menschen zu berichten, auf der Grundlage eigener Erinnerungen und dessen, was mir Hans Schales über die Jahre erzählt oder geschrieben hat. Ich hoffe, dass das hier gezeichnete Lebensbild meinem Freund Hans Schales gerecht wird und dem Bild entspricht, das andere von ihm gewonnen haben.

Dietmar Moench, im Oktober 2015

Teil I

Der Weg aus dem Saarland nach Afrika

Teil II

Leben für Afrika

Hans und Ute

TEIL I

Der Weg aus dem Saarland nach Afrika

Jugendjahre – Programm fürs Leben

Wer dieses Buch in die Hand nimmt, den möchte ich im großen Kreis derer begrüßen, die Dr. Hans Schales als ausgesprochen liebenswerten, bescheidenen und verdienstvollen Menschen kennen. Man könnte diesen Kreis seinen »Fanclub« nennen, wenn das Wort nicht so abgegriffen wäre. Wir kennen ihn hierzulande als den Arzt, der schon einmal als junger Mediziner in Afrika gewirkt hat, der sich danach über Jahrzehnte als Vorreiter einer mütter- und kinderfreundlichen Geburtshilfe im Saarland einen Namen gemacht hat und im beginnenden Rentenalter seinen Posten als Chefarzt aufgegeben hat, um erneut auf den Schwarzen Kontinent zu gehen, ausgerechnet in das durch einen menschenverachtenden Diktator gebeutelte Zimbabwe, um dort im Buschkrankenhaus St. Luke's Kranken und ihren Familien zu helfen.

Von denen, die ihn kennen, wird er geschätzt und bewundert, von denen, für die er sich einsetzt, wird er geliebt, und wir dürfen uns fragen, ob Hans Schales ein Vorbild ist, ein stiller Held, vielleicht gar ein Mensch im Schimmer der Heiligkeit. Während ich das schreibe, sehe ich das Gesicht von Hans vor mir, mit dem er auf eine derartige Frage reagiert. Er wird lachend abwinken: *»Worin soll mein Verdienst liegen,«* wird er fragen, *»wenn ich das tue, was mir die größte Befriedigung und Freude verschafft? Ist das nicht ein Geschenk für mich?«*

So ist er, so denkt er und darin lässt er sich nicht umstimmen. Wir müssen die Frage selbst beantworten und sollten dem Himmel dankbar sein, dass es Menschen gibt, die ihr Lebensglück aus ihrer Hilfsbereitschaft für andere ziehen. Aus unserer Sicht als »Normalbürger« in einer zivilisierten Welt sieht die Sache ganz anders aus: Wer von uns würde schon ohne Not sein häusliches und familiäres Umfeld verlassen wollen, den gewohnten Komfort aufgeben, auf das Gespräch mit vertrauten Menschen in der Muttersprache und auf Tausend liebgewordene Dinge des Alltagslebens verzichten? So gesehen führt er doch ein exemplarisches Leben, der weiße Doktor am Krankenhaus St. Luke's im nördlichen Matabeleland.

Hans Schales, einer der bescheidensten Menschen, die ich je kennengelernt habe, lässt sich nicht in die Riege der die Medien beherrschenden »Prominenz« einreihen. Wenn wir etwas Besonderes an ihm finden wollen, muss es schon ein anderer Beurteilungsmaßstab sein, etwa der, ob es einem Menschen gelingt, die Welt ein wenig heller zu machen, durch Hilfe und Trost einen Sonnenstrahl in das Leben anderer Menschen zu senden. Dass wir noch ein feines Gespür für dieses Verdienst besitzen, hat vor Jahren die Umfrage des Saarländischen Rundfunks und der Saarbrücker Zeitung nach »Saarlands Bestem« gezeigt, bei der Hans Schales die übrige Prominenz weit hinter sich gelassen hat.

Wir lernen uns kennen

Dass ich es bin, der seinem Leben nachspüren darf, verdanke ich einigen glücklichen Zufällen, zunächst dem, dass ich Hans vor Jahrzehnten kennengelernt habe, als wir beide noch grüne Jungs waren. Indem ich davon berichte, bringe ich zwangsläufig auch mich als Erzähler ins Spiel.

Im Jahr 1950 erhielt mein Vater bei den Saarbergwerken eine neue Aufgabe und musste mit Frau und vier Kindern nach St. Ingbert umziehen, der Heimatstadt von Hans Schales. Für mich war damit auch ein Schulwechsel in das Realgymnasium von St. Ingbert verbunden, ein Knabenrealgymnasium, weil es in den Gymnasien damals noch eine strenge schulische Geschlechtertrennung gab. Hans Schales war einer meiner Kameraden in der neuen Klasse. Zu einer engeren Freundschaft kam es aber erst, als ich bei einer nächtlichen Fahrradfahrt so unglücklich gestürzt war, dass ich mit Gehirnerschütterung und Schädelbasisbruch einige Wochen im Knappschaftskrankenhaus von St. Ingbert liegen musste. Um nicht den Anschluss an die neue Klasse zu verlieren, verpflichtete der wohlmeinende Klassenlehrer, Studienrat Lechner, einen nicht zu weit entfernt wohnenden Klassenkameraden, mir den Stoff des versäumten Unterrichts beizubringen, sozusagen als »Privatlehrer auf Zeit«. Das war Hans Schales, »Hansi«, wie er für uns gut Saarländisch zur Schulzeit hieß und heute im engen Freundeskreis noch immer genannt wird. Während unsere Familie in der Nähe der Grube St. Ingbert in der Oberen Rischbachstraße »In der Rischbach« wohnte, war Hans ein Stück höher am Hang Richtung Sulzbach in der Beethovenstraße zuhause. Für viele Briefschreiber war das offenbar ein schweres Wort, das zu unserem Vergnügen einmal als »Betthoffen-Straße« verfremdet worden ist. Hans kam, pflichtbewusst von Anbeginn, an jedem Schultag zu mir ins Krankenhaus. Ich hätte einen schlimmen Fehler gemacht, wenn ich die damit gebotene Freundschaft nicht mit beiden Händen ergriffen hätte.

So wie ich ihn damals im Alter von dreizehn Jahren kennengelernt habe, sehe ich ihn heute auf alten Fotos: groß gewachsen, mit vollem blondem Haar, ein richtig gut aussehender Jüngling, was meine etwas jüngere Schwester tief beeindruckte, ohne dass »etwas daraus geworden wäre«. Auf diese Dinge kommen wir erst später. Wie gesagt: Die ersten dreizehn Jahre seines Lebens waren bei unserem Kennenlernen schon vergangen. Die will ich nicht übergehen, denn auch die Kindheitsjahre lenken, wie wir im fortgeschrittenen Alter mehr und mehr begreifen, unser weiteres Leben.

Kindheits- und Kriegsjahre in Würzburg

Hans Schales ist am 6. Februar 1938 zur Welt gekommen, nach dem um zwei Jahre älteren Bruder Norbert, der bereits im Alter von vierzig Jahren gestorben ist, und vor dem um zwei Jahre jüngeren Bruder Ludwig oder »Ludi«. Seine Mutter, Gertrud Schales, eine geborene Jene, wünschte sich sicher auch eine Tochter. Dieser Wunsch blieb aber unerfüllt. Wenn wir in der Schule für den Eintrag ins Klassenbuch unseren Geburtsort angeben mussten und ich, knapp ein Jahr jünger als Hans, nicht ohne Stolz mit »Heidelberg« antwortete, löste Hans mit der Antwort »Landsberg am Lech« Staunen aus. Landsberg am Lech, wo liegt denn das? Das werden auch heute nur wenige beantworten können, und die werden auch am ehesten von einem Gefängnis wissen, in dem zum Beispiel der größte Verbrecher der deutschen Geschichte, Adolf Hitler, zeitweise eine Festungshaft verbüßte. Es ist eine schmucke, mittelgroße Stadt im oberbayerischen Alpenvorland mit langer Geschichte, die weder den berühmten Häftlingen noch Hans Schales jemals ein Denkmal setzen wird.

Hans als waschechter »Dingmerter«, mit Eltern aus St. Ingbert, ist zu diesem Geburtsort gekommen, weil sein Vater Johann Schales eine Stelle als Bauinspektor in besagtem Landsberg erhalten hatte. Wenig später führte ihn der Beruf von Oberbayern nach Mainfranken, weil er eine besser dotierte Anstellung in Würzburg erhielt. Mit der Abfolge St. Ingbert – Landsberg – Würzburg hat jeder der drei Söhne einen anderen Geburtsort angeben können.

Hans, den wir uns nun als Kleinkind in Würzburg vorstellen, war anderthalb Jahre alt, als der Zweite Weltkrieg ausbrach, ein Krieg, der nicht spurlos an den Kindern dieser Zeit vorbei gegangen ist. Erst in jüngster Zeit werden auch die Kinder als Opfer dieses Krieges gesehen, die kurz vor oder während des Krieges geboren worden sind. Sabine Bode nennt diese Kinder in ihrem Buch die »Vergessene Generation«.*

* Sabine Bode, Die vergessene Generation, Die Kriegskinder brechen ihr Schweigen, 2004, 11. Auflage 2014.

Sie zählt die Katastrophen für die Seele der betroffenen Kinder auf: die Luftangriffe und die Stunden im Luftschutzkeller, die Bedrohung auf den Straßen durch Tiefflieger, den Tod von Angehörigen, den Verlust der Heimat durch Vertreibung und schließlich den großen Hunger nach Kriegsende. Aufgrund ihrer Recherchen geht sie davon aus, dass sich bei jedem Vierten Spätfolgen zeigen und jeder Zehnte unter einer posttraumatischen Belastungsstörung leidet.

Hans hat in dieser Hinsicht Schlimmeres erlitten als ich. Mir sind die Nächte mit Fliegeralarm, wenn wir aus den Betten geholt wurden und in den Keller eilen mussten, wo eine alte Hausbewohnerin unsere Angst durch ihr Beten noch steigerte, Jahrzehnte in den Träumen gefolgt und beim Heulen einer harmlosen Feuerwehrsirene zucke ich noch heute zusammen. Heidelberg blieb aber von der Bombardierung deutscher Städte verschont. Nach der »Entwarnung« konnten wir am Nachthimmel den Feuerschein der Brände in Mannheim und Ludwigshafen sehen. Was Hans lakonisch als seine Kindheitserinnerung beschreibt, hat eine ganz andere Dimension.

»Meine Kindheitserinnerungen beginnen in Würzburg, wo wir bis zur Bombennacht am 16. März 1945 in der Ulrichstraße 2 gewohnt haben. In den Wirren der Bombennacht hat unsere Mutter Ludi und mich aus den Augen verloren, da wir mit anderen Hausbewohnern aus dem brennenden Würzburg geflohen sind. Unsere Mutter hat uns am frühen Morgen nach dem Tag des Angriffs in dem Nachbardorf Gerbrunn wiedergefunden. Von hier aus wurden wir in ein anderes Dorf, Marbach, evakuiert.«

Wie viele deutsche Städte hat auch Würzburg eine verheerende Bombennacht erlebt. Ein saarländischer Autor, Alfons Klein, beschreibt in dem Buch »Kriegskinder«, evakuiert in ein Dorf in der Nähe von

Würzburg, folgende Szene: »Eines Nachts weckte ihn die Mutter. Sie traten ans Fenster, der Himmel in der Ferne war rot. Würzburg brennt, sagte die Mutter.«*

Am 16. März 1945, als der Krieg schon fast beendet war, flogen alliierte Bomber zu Beginn der Nacht ihren Angriff auf Würzburg. In nur siebzehn Minuten wurden 300.000 Brandbomben auf die Stadt abgeworfen. Der verheerende Brand zerstörte 92 Prozent der Gebäude. Mitten in diesem Schrecken flohen Hans und sein kleiner Bruder, Kinder von sieben und fünf Jahren, aus dem schützenden Keller in die Brandnacht, wohl Hand in Hand durch das Feuermeer hinter anderen Fliehenden her, getrennt von der Mutter und dem älteren Bruder, die aufgehalten wurden, weil sie sich um andere Hausbewohner kümmerten. Wir können uns die Ängste seiner Mutter ausmalen, die nicht wusste, ob die beiden Kleinen überlebten und ob sie sie wiederfinden würde. Welche Schrecken sich hinter dem Wort »Feuersturm« verbergen, wird zu der Bombardierung von Hamburg beschrieben, die ein halbes Jahr vorher in deren Innenstadt gewütet und 30.000 Menschen den Tod gebracht hatte.

*»Innerhalb von Augenblicken steigert sich der Sturm auf Geschwindigkeiten, die kaum ein Orkan erreicht. … Der Sturm reißt Babys aus den Armen ihrer Mütter, Gebrechliche zerrt er in die Flammen. Mancherorts herrschen Temperaturen von bis zu tausend Grad. … Kaum jemand, der sich draußen aufhält, entkommt den Flammenwirbeln. Die Menschen verbrennen, ersticken, bleiben im geschmolzenen Asphalt stecken.«***

Die Bombennacht von Würzburg fand für Frau Schales und ihre drei Buben ein glückliches Ende. Kein Ende nahm die andere, noch schlimmere Katastrophe für sie und ihre drei Buben. Der Vater war gegen Ende des Jahres 1944 gefallen, wie Millionen anderer Soldaten, jeder Tod eine Tragödie für die Familie. Er starb im französischen Bel-

* Alfons Klein, Kriegskinder, Erzählung, 1998.

** Christoph Kucklick; Geo Epoche Nr. 44, 2010.

fort den Soldatentod. Hans hat mir geschrieben: *»Ich war sechs Jahre alt, als meine Mutter die Nachricht ›Gefallen für Volk und Vaterland‹ erhalten hat. Meinen Vater habe ich schätzungsweise nur vier Mal auf Heimaturlaub gesehen.«*

Mit der Schilderung dessen, was Hans während der Kriegsjahre als Kind verkraften musste, will ich ihm bei Gott nichts anhängen, an ihm ist keine »posttraumatische Störung« zu finden. Vielleicht erklärt sich daraus aber ein Stück weit seine Ernsthaftigkeit, sein Hunger nach Friedfertigkeit und Frieden. Es erklärt vielleicht auch die spätere Suche nach gleichsam väterlichen Vorbildern. Jeder, dem ein solches Schicksal erspart geblieben ist, mag ermessen, was es für einen aufwachsenden Jungen bedeutet, sich nicht an seinem Vater orientieren zu können und sich nicht im Guten und Bösen mit ihm auseinandersetzen zu können. Er fährt dann fort: *»An die Zeit der Evakuierung habe ich noch gute Erinnerungen, und auch an die dramatische Zugfahrt auf einem Güterzug zurück ins Saarland.«*

Von der Schreckensnacht in Würzburg bis zum Ende des Krieges war es ja nicht mehr weit und an die Mühsal, sich in den Nachkriegswirren zurück in die Heimat zu schaffen, können sich viele aus unserer Generation erinnern. Meine Frau hat nie vergessen, wie sie auf einer provisorischen Brücke den Rhein überqueren musste, unter sich den rauschenden Strom, der kleine Bruder auf dem Arm eines hilfreichen Mannes. Ich selbst habe Ähnliches erlebt. Der Bericht von Hans endet mit dem Satz: *»Wir wurden dann bei den Großeltern – der Opa väterlicherseits hatte ein Bauunternehmen – im Haus Beethovenstraße 10 aufgenommen.«*

Ende gut, alles gut? Sicher nicht. In den Jahren nach Kriegsende galt aber die Parole, nach vorn zu schauen, nicht an das Schlimme zurückzudenken, sich im Wiederaufbau zu betäuben. Hans hat den Verlust des Vaters und die Nacht von Würzburg verkraftet, ich meine Erlebnisse und den Hungerwinter nach dem Krieg. Hans hatte keinen Vater, den er nach den Erlebnissen im Krieg hätte fragen können, und mein Vater vermied das Thema nach Möglichkeit. Er war als Regierungsbaurat zeitweise mit der Verlagerung der chemischen Industrie in unterirdische Anlagen befasst, wo Arbeiter aus Konzentrationslagern eingesetzt wurden, und mehr als ein »schrecklich, schrecklich« haben wir nicht zu hören bekommen. Erst in seinen Lebenserinnerungen hat er darüber geschrieben.

»Die Dienstreisen vermittelten mir einen tiefen Einblick in die Konzentrationslager und das erbärmliche Leben und Sterben der dort eingesperrten armen Kreaturen. Was ich dort an Abscheulichem gesehen, gehört und erlebt habe, brennt mir heute noch in der Seele, und ich bin bis heute nicht fähig, darüber zu schreiben. Menschen aus diesen Lagern waren zu Zehntausenden eingesetzt, um unterirdische, bombensichere Räume zur Aufnahme kriegswichtiger Industrien zu schaffen. Diese Arbeiten wurden von der SS geleitet, mir und uns von der Luftwaffe standen nur Inspektion und Beratung zu. Unserem Unmut über die abscheuliche Behandlung der Menschen in den KZs sowie der russischen Kriegsgefangenen, die man absichtlich und wissentlich in bestimmten Lagern verhungern ließ, ließen wir unter uns freien Lauf.«

Nun war die Schreckenszeit vorbei. Hans war wie seine Brüder und seine Mutter in sicherer Obhut des Großvaters, man wohnte im oberen Geschoss des Hauses. An diesen Opa Schales, der wohl ein Stück weit den Vater ersetzte, erinnere ich mich als einen – aus Kindersicht alten

Mann mit viel Herzenswärme. Der andere Großvater, Opa Jene, besaß eine wertvolle Sammlung von Briefmarken aus der Zeit des Saargebiets, um die ich ihn, Sammler wie die meisten Kameraden, heiß beneidet habe. Hans war schon in Würzburg ins Schulalter gekommen; an einen geregelten Schulbesuch war aber am Ende des Krieges nicht zu denken. Den gab es erst in der Luitpoldschule von St. Ingbert, in einer Volksschule unterhalb der Kirche St. Hildegard.

Bei mir verlief diese Zeit, um die Parallele kurz fortzusetzen, anders. Mein Vater hatte sich am Ende des Krieges nach Süddeutschland absetzen können, um einer Kriegsgefangenschaft zu entgehen. Meine Mutter mit damals drei Kindern musste binnen vierundzwanzig Stunden die Heidelberger Wohnung am Hang über der Stadt verlassen, ohne Möbel und Einrichtung, weil die Amerikaner die beschlagnahmten. Wir wurden in einer Mansarde eines hohen Wohngebäudes untergebracht und haben dort gehungert, nachts vor Hunger geweint und um ein Stück Brot gebettelt. Das Hamstern im nächstgelegenen Bauerndorf half nur kurzzeitig. Mich hätte die Hungerzeit fast das Leben gekostet. Erst als mein Vater im Saarland bei der französischen Grubenverwaltung eine Anstellung fand und die Familie nachkommen konnte, hatte es mit dem Hungern ein Ende.

Ich hatte ähnlich wie Hans in Heidelberg kaum einen Schulunterricht mitbekommen und erst im Saarland die Volksschule Reden regelmäßig besucht. Sie war damals eine Konfessionsschule, bei der acht Jahrgänge der Katholiken in zwei Sälen und acht Jahrgänge der Evangelischen in einem Schulsaal unterrichtet wurden – und sich in der Pause bekriegten.

Am Ende der vier Jahre Volksschule mussten Hans und ich uns der Aufnahmeprüfung fürs Gymnasium unterziehen, beide erfolgreich, er in St. Ingbert im heutigen Leibniz-Gymnasium, ich in Neunkirchen und er ein Jahr früher als ich. Das beschreibt er so: *»Ich war ein braves, ordentliches Kind, beileibe nicht aufgeweckt und nicht rebellisch. Ich war geduldig und eher ein Spätzünder. Auf Anraten meiner Lehrer und meiner Mutter habe ich die Sexta wiederholt.«*

Gemeinsame Schuljahre

Deshalb hatte ich Hans, als ich im Jahr 1950 während des laufenden Schuljahrs die Schule wechseln musste, als Klassenkameraden. Als »Neuer« in der Klasse wurde ich in die letzte Bank gesetzt. Dort zeigt mich ein später aufgenommenes Klassenfoto, neben Hans sitzend. Die letzte Bank war den ruhigen Klassenkameraden vorbehalten, auf die der Lehrer kein Auge haben musste. Hans war während der Unter- und Mittelstufe Klassensprecher. Eine richtige Freundschaft entstand erst ein Jahr später, als Hans mein »Privatlehrer« war. In dem Tagebuch, mit dem ich als Vierzehnjähriger begonnen habe, habe ich das so festgehalten: *»Hans kenne ich seit November 1951 näher. Als ich im Krankenhaus war und zurückkam, brachte er mir die Aufgaben. Als wir erkannten, dass unser Schulweg zum Großteil der Gleiche ist, gingen wir ihn zusammen. Jetzt sind wir richtige Freunde.«*

Um sieben Uhr in der Frühe trafen wir uns am Grubengebäude und marschierten den weiten Weg zur Schule, sprachen über die Aufgaben und vieles sonst. St. Ingbert war in den Fünfzigerjahren noch eine Industriestadt. Mein im Jahr 1954 gedrucktes Lexikon zählt neben dem Kohlebergbau die Eisen-, Maschinen-, Glas-, Textil- und Lederindustrie auf, das Lexikon von 2006 dagegen neben der Reifen- und Autozulieferindustrie die Softwareherstellung. An der Grube ging es lebhaft zu, vor allem beim Schichtwechsel, wenn die Bergleute in Scharen zum Bahnhof oder zu den bereitstehenden Bussen gingen. Wir kamen an einer Maschinenfabrik vorbei, an einer »Weltfirma« für Kräne und an dem Schlachthaus. Wann immer es ging, fuhren wir mit dem Fahrrad.

Von der Lehrerschaft will ich nur Dr. Müller erwähnen, nach der Beschreibung eines anderen Klassenkameraden »ungeheuer dick, mit Glatze, gutmütig und geduldig«, mit dem völlig unpassenden Spitznamen »Untier«. Er kam aus Brandenburg, also aus der SBZ, für uns ganz weit im Osten. Die Mutter von Hans half ihm, Hilfspakete für seine in Schwerin verbliebene Schwester zu packen, und so erschien er häufig bei der Mutter von Hans zum Erzählen und revanchierte sich mit Karten für das Stadttheater Saarbrücken.

Im Jahr 2008, als der 70ste Geburtstag von Hans in der Stadthalle von St. Ingbert gefeiert wurde, kamen viele der Klassenkameraden erstmals wieder zusammen und trafen sich wenig später in einer schulnahen Kneipe. Bei dieser Gelegenheit erschienen zwei noch lebende Lehrer unserer Klasse, Dr. Niederländer, der vier Jahre später im Alter von 89 Jahren starb, und René Berwanger, bei unserem Treffen 87 Jahre alt. Ihn haben Hans und ich ein paar Jahre später zu Hause besucht, waren bezaubert von dem alten Herrn und seiner lieben Frau, staunten über seine Weltoffenheit und seine Erinnerungsfrische. Er hat mir mit dem Hinweis auf den Datenschutz vor seinem Tod im März 2013 Auszüge aus seinem Notenheft der Untersekunda überlassen. Freund Hans, darf ich verraten, hatte ausgezeichnete Noten in Englisch, ohne schon ahnen zu können, dass diese Sprache in afrikanischer Einfärbung einmal seine Umgangssprache werden würde.

Nach der Schule

An andere Schulnoten kann ich mich nicht mehr erinnern. Ich weiß nur noch, dass ich, der schlechteste Turner der Klasse, Hans glühend um seine Spitzenleistungen im Sport beneidet habe. Wenn die Schule vorbei und die Hausaufgaben erledigt waren, folgten die unbeschwerten Stunden des Tages. Wenn nichts anderes anlag, kam Hans meist zu uns. Es gab einen großen Hof für die Tischtennisplatte und andere Spiele, einen Rundweg im Garten für Fahrradrennen, ein großes Haus für uns vier Kinder samt den Freunden der Jungen und den Freundinnen der Mädchen.

Anführer war mein älterer Bruder Hans-Jürgen, im Jahr 1936 geboren wie der ältere Bruder von Hans, sprühend von Einfällen, ein geborener Anführer und Spaßmacher. Er zog uns beide mit, den stilleren Hans und mich als den Jüngsten. So ernsthaft Hans war, nachdenklicher, tiefgründiger und besonnener als Hans-Jürgen und ich, war er doch bei allen Spielen mit vollem Einsatz dabei. Da ich in der Silvesternacht 1952/53 in kindlichem Ernst und Stil mit dem Schreiben eines Tagebuchs begonnen habe, kaum vierzehn Jahre alt, kann ich für den einen Monat Januar 1953 auszählen, dass Hans gleich fünfzehn Mal am Nachmittag zu uns kam, während ich Hans dreimal in seinem Zuhause besucht habe.

Hans zwischen mir und Hans-Jürgen

Wie ausgelassen unsere Spiele waren, wie übermütig es zwischen uns herging, kann ich in der Beschreibung der Silvesternacht nachlesen. Meine Eltern hatten Ausgang, die Schwestern mussten zeitig ins Bett.

Im Radio – Fernsehen gab es ja noch nicht – wurden die letzten Sekunden des Jahres ausgezählt und vom Turm der Becker-Brauerei gab es ein sparsames Feuerwerk.

»Schluss mit dem Apfelsaft! Hans-Jürgen öffnet mit dumpfem Knall die uns gestiftete Flasche Sekt und schenkt uns ein. Wir legen die Wiener ins Wasser. Wir beglückwünschen uns gegenseitig zum neuen Jahr. Jetzt endlich geht auch Omi ins Bett. Wir sind ganz ›frei‹. Wir essen die Wiener und trinken dazu die Sektflasche leer. Jetzt sind wir in der richtigen Stimmung. Das Radio, das anfängt Händel, Bach und Gesippschaft zu spielen, wird wütend abgestellt. Da kommt Hans-Jürgen auf eine Idee: Eifrig werden alle auffindbaren Flaschen Wein, Schnaps, Rum, Likör auf dem Tisch zusammengetragen, alle Birnen der Lampe außer einer ausgeschraubt und alle Stühle umgeworfen. Einen immer wüsteren Anblick bietet das Zimmer. Im Flur wird dem gefesselten Stoff-Affen folgende Botschaft umgehängt: ›Meine Mörder sind in der Bauernstube.‹ Und dann so schnell wie möglich ins Bett. Mit dem Ausknipsen der Lampe beginnt eine furchtbare Kissenschlacht. Freigebig werden blaue Flecken ausgeteilt. Meine Nase blutet. Kurzer Waffenstillstand. Weiter gehen die Kämpfe. Ich bin der ›Nordpol‹, Hans-Jürgen ›Abessinien‹ und Hans ist der ›Freiheitskämpfer‹. Um halb drei kehrt Friede ein. Wir räumen auf und legen uns, Hans auf die Matratze zwischen unseren Betten. Dann knarrt die Garagentür, die Eltern kommen. ›Oh, wie schrecklich, oh, wie schrecklich!‹ tönt es bei der Besichtigung der Bauernstube. Nach Muttis Besuch schlafen wir ein und wachen erst um 10 Uhr wieder auf.«

So setzen sich die Berichte fort, über Schneeballschlachten und Schlittenfahrten oder über den Bau einer »Höhle« aus alten Brettern, mit einer ausrangierten Gießkanne als Ofen, und dann ins Jahr hinein mit immer neuen Späßen. Mit dem Älterwerden folgten die Kinobesuche. Mein Bruder Hans-Jürgen bekam mit sechzehn Jahren einen Roller, eine Vespa. Auch Hans erhielt eine Vespa, als er mit sechzehn Jahren das Alter für die Klasse 4 des Führerscheins erreicht hatte, ein grauer Lappen mit der Aufschrift »Permis de Conduire«.

Als »Trio«, wie wir uns nannten, waren wir ausreichend motorisiert. Pläne großer Fahrten schossen wie Pilze aus dem Boden, bis es dann so weit war und wir im Sommer 1954, nun 18, 16 und 15 Jahre alt, zu einer großen Fahrt in den Schwarzwald, um den Bodensee und durchs Frankenland aufbrachen. Man muss sich das Abenteuer der drei Jungs etwas anders vorstellen als eine Reise heutzutage. Schon die Motorroller! Die Vespa, die ich heute fahre, hat Elektrostarter, Automatik und Viertaktmotor. Stattdessen früher der elende Kickstarter, die häufig reißenden Bowdenzüge zu Kupplung und Gangschaltung, zu Gas, Fuß- und Handbremse. Der singende Zweitakter mit dem feinen Ölwölkchen und der ständig verrußten Zündkerze. Statt eines Helms nur eine Kappe und eine unförmige Motorradbrille, statt des Motorradanzugs ein Kleppermantel. Und so fort.

Gut hundert Mark im Tausch gegen das im Saarland gültige französische Geld, mussten für Benzin, Essen und Schlafen genügen. Ohne »Triptyk«* wären wir mit dem Roller nicht über die Grenze gekommen. Hans, ohne Beifahrer, musste hinter dem Roller von Hans-Jürgen herfahren. Der machte sich einen Spaß und winkte jedem Mädchen zu, das er am Straßenrand ausmachte. Meist waren die so verblüfft, dass sie erst winkten, wenn Hans ankam, und wir amüsierten uns über dessen Verlegenheit.

* Als »Triptyk« werden Dokumente bezeichnet, die zur Grenzüberfahrt für Kraftfahrzeuge berechtigen.

Wir übernachteten in Jugendherbergen oder auf Stroh, am liebsten aber bei Verwandten und Bekannten. Dazu mussten in Heidelberg meine Großmutter und Tante herhalten, bei Lörrach eine Familie, die den Vater von Hans kannte, in Würzburg die Familie Schweyer, Mutter und Tochter Johanna, Hans aus der Kinderzeit bekannt. Dort kamen wir gegen Ende der Reise, nach zwei Wochen Fahrt an, und wurden fürsorglich aufgenommen. In meinem Tagebuch heißt es:

»Wir werden von Frau Schweyer begrüßt. Johanna habe im Augenblick Klavierunterricht. In der Tat, durch das Schlüsselloch dringt holdes Geklimper. Ob wir ein warmes Bad wünschten? Wir lehnen dankend ab. Frau Schweyer, eine kleine, sehr freundliche Frau, verlässt uns um einzukaufen. Wir begeben uns ins Badezimmer. Jetzt, wo ein Mädchen im Nebenraum dem Klavier so wunderbare Töne entlockt, sehen wir mit ganz anderen Augen in den Spiegel. Wir Dummköpfe, warum haben wir das Bad verweigert? Frau Schweyer hat einen guten Blick gehabt. Wir könnten den Dreck von uns abschaben! Unter Einsatz aller Kräfte säubern wir uns, so gut es geht, und fühlen uns schon wohler.«

Erwachendes Interesse an den Mädchen

Die Fahrt zum Bodensee war der Höhepunkt unserer gemeinsamen Jahre in St. Ingbert, im Folgejahr trennten sich unsere Wege. Hans-Jürgen hatte seine Schulzeit in einem Internat am Bodensee beendet und ich musste meinem Vater folgend erneut umziehen und zum Gymnasium in Neunkirchen zurückkehren. Es gab aber noch einen weiteren Grund, dass sich die Freundschaft lockerte: die Mädchen.

Das ist ein sensibles Thema. In meinem Tagebuch finde ich eine kurze Notiz, mit Bleistift geschrieben: *»1.1.1954, der Tag, an dem noch verborgen mein Gefühl für Mädchen erwacht ist.«* Erst viel später habe ich aufgeschrieben, wer das umstürzend neue Gefühl geweckt hatte: eine Freundin meiner älteren Schwester, die zum Silvesterabend eingeladen worden war. Mein Bruder erklärte mir aber alsbald, er habe auf sie ein

Auge geworfen und ich solle gefälligst »die Finger von ihr lassen« – ein völlig unpassendes Wort in dieser scheuen Phase erster Verliebtheit.

Im folgenden Frühjahr erwischte es mich erneut und viel nachhaltiger. Während der zu dieser Zeit gut besuchten Maiandacht in der Kirche St. Hildegard, an der Hans und ich regelmäßig teilnahmen, fiel mein Blick auf das Gesicht eines Mädchens, eines Traums von Mädchen! Das warme Licht, das die Sonne durch die bunten Seitenfenster der Kirche warf, ließ das ohnehin eindrucksvolle Gesicht noch zauberhafter erscheinen.

Umso kälter war der Schock, der mir bevorstand, als Hans, dem ich das Mädchen beschrieben hatte, mir eröffnete, es sei Ute, die er schon lange kenne, und die sei sein Mädchen. Das erklärte er mir mit einer Bestimmtheit, die keinen Zweifel an seinem Ernst ließ. Er habe zwar noch nicht mit ihr gesprochen, es sei aber die Seine! Dabei blieb es und er tat gut daran, denn Ute Koch, vorgreifend gesagt, ist die Frau seines Lebens geworden. Er habe sie, wie er mir schrieb, schon zwei Jahre vor mir »entdeckt«, im Alter von vierzehn Jahren.

Ich litt eine Zeitlang entsetzlich, wie junge Menschen bei erstem Liebeskummer leiden können. In diesen Kummer, der keinerlei reale Grundlage hatte, mochte sich ein Gefühl der Eifersucht gemischt haben, denn ich spürte, wie sich die enge Freundschaft mit Hans lockerte und veränderte. Der Kummer floss in ein Gedicht ein, in dem ich vom Selbstmord sprach. Dass ich dabei an einen Pflaumenbaum dachte, weil sich »Pflaume« auf »Baume« reimt, zeigt, dass mir der Humor bei der Heilung half.

Zurück zu Ute, dem bildhübschen Mädchen: volles dunkles Haar und dunkle Augen in einem feinen, ansprechenden Gesicht, groß gewachsen und in der Lebensphase zwischen Mädchen und junger Frau, für Jungen wie Hans und mich verwirrend schön. *»Hans ist restlos in Ute* *verliebt, und sie liebt auch ihn«*, schrieb ich noch in diesem Monat ins Tagebuch, um wenig später zu ergänzen, dass die beiden darüber noch nicht miteinander gesprochen hätten. Am Ende des Jahres schrieb ich, altgescheit, wie man als junger Mensch ist, zum einige Seiten später gezeigten Bild:

»Ute, die Freundin von Hans, auf die er in jedem Fall stolz sein kann. Ute ist schnell gewachsen, wird aber bestimmt ein hübsches Mädchen. Sie ist klug, streng erzogen und, worauf Hans großen Wert legt, brav und fromm. Hans weiß, daß sie noch jung sind. Außer der Begrüßung mit ›Guten Tag‹ ist wenig zwischen ihnen vorgekommen. Einmal hat Hans ihr einen Brief geschrieben. Sie passen gut zusammen.«

Bei dem Blick auf ihr Bild befällt mich die bittersüße Erinnerung an die Zeit, als die erste Verliebtheit uns Jungen die Welt aus den Angeln hob. Was ich darüber geschrieben habe, verrät den Versuch, Abstand zu gewinnen. Nach dem gescheiterten Versuch, mit einer Kusine von Ute, Inge, eine Freundschaft zu gewinnen, schrieb ich in mein Tagebuch, dass ich mir nun »eine Pause von den Mädchen« wünsche. Lang war die Pause nicht. Im Herbst des folgenden Jahres, nach dem neuerlichen Umzug, entdeckte ich gleich in der ersten Tanzstunde ein Mädchen, ganz anders im Aussehen und in der Art und doch faszinierend, die mich die ersten Liebesregungen in St. Ingbert schnell hat vergessen lassen und meine Frau geworden und geblieben ist.

So würde ich allzu gern auch von Hans und Ute sprechen, aber Ute lebt nicht mehr, oder anders gesagt: Sie lebt nur noch in seinem Herzen. Hans schreibt, und ich spüre, wie schwer es ihm fällt, die richtigen Worte zu finden, dass Ute »die erste und bis heute andauernde geheimnisvolle Beziehung« für ihn war. Wir, Hans und ich, sprechen nur mit großer Zurückhaltung über diese Zeit, in der die erwachende Liebe ein zartes Pflänzchen sein konnte, das ganz, ganz langsam wachsen durfte.

Davon wird man sich heute kaum noch eine Vorstellung machen können. Es kam vieles zusammen, was den Weg zueinander bremste, nicht allein der Umstand, dass es »die Pille« noch nicht gab – deren Einsatz hätte weit außerhalb unserer Vorstellungen und Wünsche gelegen.

Die Mutter von Hans wird nicht anders als meine Eltern nur ganz zurückhaltend über das Liebesleben gesprochen haben. In der Schule drückten sich die Lehrer gern um die Aufgabe der »Aufklärung«. Die Kirche hatte sich zwar längst von der Vorstellung verabschiedet, »das Weib sei die Wurzel allen Übels«, dafür ist uns ein überhöhtes Bild des »reinen Mädchens« vor Augen gestellt worden, das nicht unbedingt hilfreich war. In dem »Beichtspiegel« war jede Regung des geschlechtlichen Erwachens als »unkeusch« unter das Verdikt schwerer Sünde gestellt. Ein Kuss außer zwischen Eltern und Kind oder Gatte und Gattin war sündhaft, »eine Unwahrhaftigkeit, ein Mangel an Selbstbeherrschung und eine Preisgabe persönlicher Würde.«*

* »Jungmann und Mädchen«, P. Saturnin Pauleser, O.F.M.

Nur von einem sind Hans und ich überzeugt: Dass dieses ganz langsame Zu-einander-Wachsen einen Zauber hatte, der in der heutigen Zeit verloren gegangen ist. Wir möchten diese Erinnerung nicht missen.

Katholische Jugend

Auf verschlungenen Wegen haben wir einen zentralen Punkt erreicht: Hans Schales ist ein frommer Mensch, war es von Anfang an und ist es bis heute geblieben. Der christliche Glaube in der katholischen Ausprägung ist ein tragender Pfeiler seines Lebens. Zu Beginn unserer gemeinsamen Zeit versuchte ich noch, darin mitzuhalten. Mein Leben hat mich dazu aber Abstand gewinnen lassen, was mir möglicherweise eine objektivere Sicht auf diesen Wesenszug von Hans erlaubt.

Hans Schales lebt im Urvertrauen auf einen gütigen Gott und in der festen Überzeugung, dass es kein besseres Lebensziel geben kann als dem von Jesus vorgezeichneten Weg zu folgen. Es ist eine ruhige Gläubigkeit, ohne jeden Eifer, seinen Glauben anderen aufzudrängen. Wenn uns, ob kirchentreu oder kirchenfern, ein Typus des Katholiken sympathisch und überzeugend sein kann, dann der von Hans, und es liegt nahe, ihn zu beneiden. Bezeichnend ist die kleine Geschichte, dass Hans im Alter von zwölf Jahren sein Fahrrad opferte, als Pater Werenfried von Straaten, Begründer des Hilfswerks »Kirche in Not« und als »Speckpater« bekannt, in St. Ingbert predigte und für die armen Menschen in Osteuropa sammelte. Welches Kind würde das tun?

Hans Schales ist in eine Familie geboren worden, die man gemeinhin als »gut katholisch« bezeichnet, in eine katholisch geprägte Umgebung und nicht zuletzt in eine Zeit, in der die christlichen Kirchen den Alltag dominierten wie danach niemals wieder. Sie füllten die Leere, die in Deutschland entstanden war, als die Nazi-Ideologie als menschenverachtende und verbrecherische Weltanschauung enttarnt und wie ein Spuk verschwunden war. Meine Familie im Vergleich war nicht derart »gut katholisch«, eigentlich nur mein Vater, von dessen Schwestern einige ins Kloster gegangen waren, und der stolz war auf seinen Onkel Anton Mönch, zuletzt Weihbischof in Trier. Meine Mutter war evangelisch getauft worden und aufgewachsen. Ihr Vater war zwar Katholik aus dem Münsterland, hatte sich aber in seinem Jähzorn dermaßen über den Gemeindepfarrer aufgeregt, der einige Zeit nach der Heirat wissen wollte, warum die Ehe noch nicht mit Kindern gesegnet sei, dass er seine Töchter der protestantischen Konfession zuführte. Die Ironie des Schicksals wollte es, dass sich meine Mutter »umtaufen« lassen musste, um ihren Mann heiraten zu können, mit der unsäglichen Klausel der damals vorgeschriebenen katholischen Nach-

Taufe: *»Für den Fall, dass deine evangelische Taufe nicht wirksam sein sollte, taufe ich dich im Namen ...«*. Theologische Haarspalterei! Mein kirchliches Engagement wurde vom älteren Bruder kritisch beäugt, war den Eltern aber recht, solange ich nicht beabsichtigte, Priester zu werden. Hans trat mit zwölf Jahren in die Katholische Jugend von St. Ingbert ein. Mit vollem Einsatz war er einige Jahre lang Gruppenführer und später sogar Pfarrjugendführer der »Mannesjugend« in der Pfarrei St. Hildegard, später auch führend in der von Pater Leppich gegründeten »action 365«*. Ich selbst wurde Georgspfadfinder. Die Pfarrei St. Hildegard wurde damals von Prälat Eckhard als Pfarrer geführt, dem mehrere Kapläne zur Seite standen. Zuständig für die Jugendarbeit war Vinzenz Mohrbacher, ein junger, dunkelhaariger, begeisterter und begeisternder Priester. Ihn führt Hans in der Liste seiner Vorbilder auf und er hat Jahre später Hans und Ute getraut. Die Betreuung der Mädchen war dem Kaplan Erich Rinnert übertragen, dem »Mädchenkaplan«.

Neben Elternhaus und Schule war die Kirche St. Hildegard ein Mittelpunkt unseres Lebens. In ihrem Turm waren die Räume für die katholische Jugend und die Georgspfadfinder untergebracht. Sie ist in den Jahren 1928/29 gebaut worden, als die Josephskirche für die Katholiken in St. Ingbert zu klein geworden war, kein Abklatsch romanischer oder gotischer Bauformen, sondern im Zeitgeist geplant, ein wenig Bauhaus, ein wenig Expressionismus, mit dem Backstein-Sichtmauerwerk, der schlichten und wuchtigen Form und den schmalen Seitenfenstern als eine Art Gottesburg. Bei inneren Nöten habe ich in der Marienkapelle zur Ruhe gefunden, wo ein ganz eigenes Marienbild zum inneren Gespräch einlädt: Keine würdige Gottesmutter, sondern eine betörend schöne junge Frau, in sich versunken, nachsinnend und für einen Jungen dieses kritischen Alters mit durchaus sinnlichen Zügen.

* Die »action 365« ist eine in den 1950er Jahren in Deutschland gegründete ökumenische Laienbewegung. Im gemeinsamen Weltauftrag wollen evangelische und katholische Christen in kleinen Teams an allen Tagen des Jahres (365) unter dem einen Wort Gottes zusammenarbeiten (action). Quelle: Wikipedia

Im Turm, nicht weit vom Glockenturm, war die Stube, wo wir bei Wind und Wetter zusammenkamen, unsere Lieder sangen und unsere Spiele spielten. Die Pfadfinder wurden kirchlich nicht von Kaplan Mohrbacher, sondern von einem eigenen Kurat betreut, der sich ebenfalls in die Seele der Jungen versetzen konnte und mit uns im Wald bei Mondschein auf einem von uns gebauten Hilfsaltar eine Messe feierte.

Gruppenleben in der Katholischen Jugend

Ein anderer Klassenkamerad, Heinz Scholl, wie Hans bei der Katholischen Jugend, beschreibt aus der Erinnerung das Leben im Turm. Drei übereinander liegende Gruppenzimmer habe es gegeben, das untere für die Frauenjugend, das obere für die Mannesjugend, dazwischen, um die Geschlechter deutlich zu trennen, das für die Pfadfinder.

»Die Gruppenzimmer wurden in der kalten Jahreszeit mit Kohleöfen beheizt, wobei wir Kohlen, Holz und Zeitungspapier zum Anzünden von zu Hause mitgebracht haben. Für jeden Gruppenabend war ein Verantwortlicher bestimmt, der die Aufgabe hatte, eine Stunde vor Beginn der Gruppenstunde das Feuer anzuzünden. Das wurde als Ehrenaufgabe angesehen. Wenn ein Mitglied der Gruppe bei der Gruppenstunde gestört hat oder sonst etwas vorgefallen war, bekam er vom Gruppenführer ›Heimaturlaub‹, was bedeutete, dass er an der nächsten Gruppenstunde nicht teilnehmen durfte. Bei manchem so Betroffenen sind dann die Tränen geflossen. Heute wäre das ein Grund, überhaupt nicht mehr zu kommen und auf die Gruppenarbeit zu pfeifen.«

Die Katholische Jugend setzte sich in ihren Grundsätzen zum Ziel, die Jungen und Mädchen zu wertvollen Menschen zu erziehen, zu Staatsbürgern, die man achten kann, und zu Christen, die diesen Namen verdienen. Wir Pfadfinder schauten auf die Mannesjugend herab, obwohl sie über uns tagte, weil es bei uns »nicht so fromm zuging« und wir tolle Dinge lernten wie das Waldläuferalphabet, verschiedene Knoten und anderes, was man heute zum »Survival« rechnen würde. Umgekehrt dürften die Jungen über uns, über die »Pädchesdribbler«, gelästert haben. Das »Versprechen«, das ich bei der Aufnahme in die »Sippe Büffel« gab, klang noch bombastischer als das Gelöbnis der Katholischen Jugend, nämlich dass ich Gott, der Kirche und dem Vaterland treu dienen werde, jederzeit und allen Menschen helfen und dem Pfadfindergesetz gehorchen werde. Ich habe meine Zweifel, ob alle diese Versprechen, Gelöbnisse, Gelübde und Eide, die wir als Christenmensch, als christlicher Student, als Beamter, Arzt oder bei der Heirat abgegeben und geleistet haben, uns in der Stunde einer großen Versuchung geholfen und bewahrt hätten. Wir wären wohl auch ohne sie in der Spur geblieben, sind aber, wie wir es im Gebet erbitten, von großen Versuchungen verschont geblieben.

St. Ingbert war zur damaligen Zeit eine fromme Stadt, ringsum in den Außenbezirken wurden neue Kirchen gebaut. Die Anschaffung neuer Glocken für die Kirchen der Stadt, klanglich aufeinander abgestimmt, war ein großes Fest und die Fronleichnamsprozession, bei der ich einmal voller Stolz das Banner der Pfadfinderschaft tragen durfte, war so ausnehmend groß, dass sie sogar in der »Wochenschau« erwähnt wurde. In St. Hildegard gab es unter der Woche täglich eine Frühmesse: eine stille Messe, so früh und so kurz, dass Hans und ich sie vor der Schule besuchten, bewaffnet mit dem »Schott«, in dem die Messgebete der vorkonziliaren Liturgie in Latein und Deutsch standen. Es gab die erwähnten Maiandachten, Rosenkranzandachten, Kreuzwegandachten, man kann darüber in der Erinnerung nur staunen. Keine Frage, dass wir auch auf der Reise zum Bodensee den Kirchgang nicht vergaßen.

Oben: Hans zwischen mir und meinem Bruder Hans-Jürgen

Unten: Bei einem Ausflug der katholischen Jugend

Hans Schales beim Basketball

Ein Traum von Mädchen: Ute

Reise-Abenteuer auf zwei Vespas

So wie Hans war auch Ute engagiert. Für die katholischen Mädchen war der »Mädchenkaplan« Rinnert zuständig. In der Glaubenswelt der beiden gab es keinen Unterschied. »Wir sind beide«, schreibt mir Hans, »in die Gedankenwelt der Katholischen Kirche hineingeboren.« Ute stand, um vorzugreifen, voll hinter Hans, als der sich entschloss, nach Afrika zu gehen.

Ob sich an dieser Gläubigkeit durch die Erfahrungen eines Lebens als Arzt in Deutschland, als Arzt in Afrika oder durch den Schicksalsschlag, Krankheit und Tod seiner Frau, etwas geändert hat? Ich meine es verneinen zu können. Sein Glaube ist allenfalls reifer geworden. Während ich beim Glaubensbekenntnis seit langem darauf verzichte, die Passage zur »einen, heiligen, katholischen und apostolischen Kirche« mitzusprechen, und lieber von einem »Hoffensbekenntnis« spreche, würde Hans bei diesem Glaubensartikel wohl nicht zögern, hat aber durch schmerzliche Erfahrungen gelernt, zwischen der Kirche und den Kirchen-Oberen zu unterscheiden. Ein alter Freund, kritischer Katholik, der selbst bei diesem Glaubensartikel schweigt, hat mich darauf hingewiesen, dass Franz Schubert bei den wunderbaren Vertonungen der lateinischen Messe die Passage des »credo in unam sanctam, catholicam et apostolicam Ecclesiam« ausgelassen hat, was kirchliche Kreise jedoch nicht davon abgehalten hat, diesen Teil des Credo »nachkomponieren« zu lassen.

Bei Hans habe ich schon immer eine ausgeprägte Toleranz gegenüber Menschen mit anderen Überzeugungen erlebt. Ich denke nur daran, wie aufgeschlossen Hans einem seiner »geistigen Leuchtfeuer«, Professor Ernst Eduard Boesch, gegenübersteht, der sich während seiner Aufenthalte in Ostasien tief in die Gedankenwelt des Buddhismus versenkt hat. In seinem Roman »Aran und Beat« vergleicht er Christentum und Buddhismus in ihrer weithin verwandten Ethik und lässt das Buch mit der Ehe zwischen einem christlichen Missionar und einer Buddhistin ausklingen. Ich denke daran, wie Hans zum Thema der Missionierung im heutigen Afrika lachend erzählte, der Erfolg einer christlichen Kirche oder Sekte hänge nicht wenig davon ab, wie schön das T-Shirt sei, das sie ihren Mitgliedern schenkt. Ich denke nicht zuletzt an die bedingungslose Toleranz meiner Frau und mir gegenüber, die wir nicht in der gleichen Sicherheit des Glaubens leben.

Die unbedingte Überzeugung, dass ein gütiger und barmherziger Gott unser Leben richtet und es an den entscheidenden Wegpunkten lenkt, das von Hans oft benutzte Bild des Schutzengels, der ihm in kritischen Augenblicken, etwa bei einem spektakulären Autounfall auf der Straße nach Bulawayo, zur Seite steht, kann zu der kritischen Frage führen, ob man diesem Gott nicht mit der Erwartung zu nahe tritt, dass er sich um das Leben eines jeden von uns kümmert, ob darin nicht eine gewisse Anmaßung liegt. Eine Antwort auf diese schwierige Frage finde ich in dem Roman »Joseph und seine Brüder« von Thomas Mann, mit einer überzeugenden Antwort in der hohen Sprache dieses Werks, die diese »Anmaßung und Ichbezogenheit« in anderem Licht erscheinen lässt.

»Anmaßung und Ichbezogenheit sind nur verneinende Namen für ein denn doch höchst bejahenswertes und fruchtbares Verhalten, dessen schönerer Name Frömmigkeit ist. … Frömmigkeit ist eine Verinnigung der Welt zur Geschichte des Ich und seines Heils, und ohne die bis zur Anstößigkeit getriebene Überzeugung von Gottes besonderer, ja alleiniger Kümmernis um jenes, ohne die Versetzung des Ich und seines Heils in den Mittelpunkt aller Dinge, gibt es Frömmigkeit nicht; das ist vielmehr die Bestimmung dieser sehr starken Tugend.« *

* Thomas Mann, Joseph und seine Brüder, Band 4: Joseph, der Ernährer, Zu Beginn des Siebten Hauptstücks.

Wer in einem nicht angefochtenen Glauben lebt und gewiss sein kann, das Richtige zu tun, muss sich um Streitfragen der Theologie nicht kümmern. Wer diese Gewissheiten nicht hat, der erlebt es als Befreiung, wenn er von den Erkenntnissen der Bibelforschung und modernen Theologie erfährt, die uns selbst in den letzten Jahren des Gymnasiums vorenthalten wurden, etwa durch die Werke des scharfsinnigen und sprachgewaltigen Hans Küng. Ich erlebe, dass Hans offen für diese Erkenntnisse und Korrekturen des Kinderglaubens ist, ohne dass er sie suchen würde. Er hat sich in die Enzykliken des Papstes Benedikt XVI. vertieft und schätzt vor allem das Lehrschreiben »Deus caritas est – Gott ist die Liebe« (2006). Von Herzen begeistert ist er von Papst Franziskus, wie er aus dem Verständnis der christlichen Botschaft heraus auf die Menschen zugeht. Hans freut sich, dass ich ihn mit Literatur zu den Strömungen innerhalb der Kirche beliefere und hält es im Streit der Theologen um die Wiederverheiratung Geschiedener eindeutig mit Kardinal Hans Kasper. Dessen Buch »Barmherzigkeit« hat Hans sich von seiner Tochter Anne besorgen lassen, in englischer Sprache – eine doppelte Herausforderung bei der Lektüre. Dass Hans auf das Wesentliche abzielt, was hinter den Unterschieden der Konfessionen liegt, hat er mir vor kurzem mit seinem Kommentar zu einem Zeitungsartikel gezeigt.

»Beide Konfessionen haben ihre Schwächen und Stärken. Ich könnte hier leicht Gründe zum Wechsel finden, es ist mir aber wichtiger, ›den göttlichen Funken im Blick der geringsten unserer Brüder zu erkennen‹ (Henri Boulad S.J.), als einige Vertreter der Amtskirche überzubewerten.«

Albert Schweitzer – Filmerlebnis und Wegweiser

Hans hätte gewiss ein guter Priester werden können, als Theologen, also »Gottesgelehrten«, etwa in der Rolle eines Religionslehrers, kann ich ihn mir aber weniger gut vorstellen. Sein Leben hat eine andere Wendung genommen. Er schreibt dazu: *»Die Voraussage, dass ich Priester werde, kam ins Wanken, als ich mit vierzehn Jahren Ute kennenlernte.«*

Es ist schwer zu ermessen, was sich hinter diesem schlichten Satz verbirgt, welches verzweifelte Ringen sich vom »Wanken« bis zur »Entscheidung« abgespielt hat. Uns ist doch beigebracht worden, dass es Gott selbst ist, der Menschen zum Priesteramt beruft, dass wir auf Gottes Stimme hören sollen, horchen sollen, ob er gerade mich ruft. Wie kann sich ein kindliches oder jugendliches Gemüt das vorstellen, wie von dem trennen, was nur eingebildet oder eingeredet ist? Ich bin sicher, dass Hans – wie zeitweise auch ich – nach dieser Stimme, der Berufung, gelauscht hat. Und dann brach in diese Phase des Suchens, Fragens und Prüfens die Liebe zu einem Menschen hinein, der das Glück des Lebens zu werden verspricht. Die neue Stimme wurde nach und nach überlaut und übertönte schließlich die Frage, ob für mich wirklich ein Leben für Gott und Kirche unter Verzicht auf die Ehe gewollt ist und das Richtige wäre.

Wir können uns deshalb die Erleichterung, die tiefe Freude und Ergriffenheit vorstellen, als Hans einen Weg erkannte, auf dem die zwei unvereinbar scheinenden Ziele, ein Leben im Glauben und ein Leben in der Liebe zu der gefundenen Frau, vereinbart werden konnten.

Ich komme hier zu einem Schlüsselerlebnis, das auch Hans als solches sieht, ein Erlebnis ausgerechnet bei einem Filmbesuch. An sich war das Kino für uns zu dieser Zeit ein von der Kirche misstrauisch beäugter Ort. Auf einem dem Trierer Bistumsblatt »Paulinus« beigelegten Blättchen, das ich in einem alten Gesangbuch fand, sollte unter Angabe von Name und Adresse ein Filmversprechen abgegeben werden, das so beginnt: *»Ich verspreche, keinen Film zu besuchen, der christli-*

chem Glauben oder christlicher Sitte widerspricht. Ich erkenne es daher als meine Aufgabe, mich rechtzeitig über die kirchlichen Stellungnahmen zu den Filmen, die ich besuchen möchte, zu unterrichten.« Dass ich ein nicht ausgefülltes Blättchen gefunden habe, zeigt mir, dass ich dieses Versprechen nicht abgeben wollte.

Keine Bedenken gab es gegenüber den »Schulfilmen«, Filme, die während der Unterrichtszeiten für die Schulen vorgeführt wurden, meist recht langweilige Kulturfilme, immerhin besser als der versäumte Unterricht. So werden wir an einem Morgen des Jahres 1952 unseren Eltern gesagt haben, dass wir ins Kino gehen würden, und werden sie um das Kinogeld gebeten haben. Der Film, um den es geht, hatte den Titel »Es ist Mitternacht, Dr. Schweitzer«, ein französischer Film mit dem ursprünglichen Titel »Il est minuit Docteur Schweitzer«. Wir, Hans und ich, können uns nicht mehr erinnern, ob der Film mit deutschen Untertiteln lief oder synchronisiert war; wahrscheinlich Letzteres.

Ein Film also über Albert Schweitzer, der allgemein bekannt ist. Trotzdem, weil der Name noch oft fallen wird, ein paar Daten und Fakten zur Auffrischung des Wissens: Albert Schweitzer war im damals deutschen Elsass geboren (1875 in Kaysersberg), wie dreißig Jahre später auch mein Vater, mehrsprachig in Deutsch, Französisch und im »Alsasser Ditsch«, evangelischer Theologe, Arzt und Musiker, heute vor allem bekannt durch die Gründung des Tropenhospitals Lambarene im französischsprachigen Gabun (1913), damals Teil des von Frankreich kolonisierten Äquatorialafrikas, mit einem für Europäer schwer erträglichen tropischen Feuchtklima, von überwiegend christianisierten Bantuvölkern bewohnt. Während des Ersten Weltkriegs wurde Albert Schweitzer als Deutscher interniert und nach Europa zurückgebracht (1917). Durch Bücher, Vorträge und Orgelkonzerte beschaffte er die Mittel, um zurückgekehrt nach Lambarene (1924) auf eigenem Gelände ein neues Spital zu errichten (1927) und dort bis zu seinem Tod (1965) als der legendäre »Urwalddoktor« zu wirken.

Lassen wir jetzt im Kinosaal die Lichter verlöschen und mit mächtiger Filmmusik den Film beginnen. Er folgt einem Buch von Gilbert Cesbron, das sich die Freiheit nimmt, da und dort von der Realität abzuweichen. In der Hauptrolle ist der Film mit Pierre Fresnay besetzt, schnauzbärtig wie sein Vorbild und mit knarrender Stimme, weil man sich in Frankreich die Sprechweise der Elsässer so vorstellt, daneben mit der noch jugendlichen Jeanne Moreau als der ihn begleitenden Krankenschwester Marie. Die ersten Bilder zeigen den gewaltig dahinströmenden Fluss Ogowe, an dessen Unterlauf Lambarene liegt, und Schwarze, die im Einbaum, vorangetrieben im gleichmäßig kraftvollen Takt der Stechpaddel, den Strom überqueren. Der Film führt in raschen Schnitten zur Ankunft in Lambarene am Unterlauf des Ogowe. Albert und Marie erleben gleich nach der Ankunft ein Tropengewitter. Marie erschrickt zu Tode, als sie eine monströse Hausspinne entdeckt. Am folgenden Tag finden die beiden in ihr Leben für die Eingeborenen, die von der Ankunft des weißen Arztes erfahren haben und von ihm Hilfe erhoffen. Albert Schweitzer ist für sie ein »Oganga«, ein Medizinmann. Sie beenden den ersten Tag unter einem Tropenbaum, zufrieden über ihren Erfolg, ohne zu ahnen, was ihnen nach dem plötzlichen Einbruch der Tropennacht bevorsteht.

Auf dem Gelände des Spitals erscheint mit flammenden Fackeln eine wilde Horde schwarzer junger Männer, mit Speeren bewaffnet und in Kriegsbemalung. Auf einer Trage bringen sie einen schwerkranken jungen Mann, den Sohn des Häuptlings, wie der anwesende Lehrer als Dolmetscher herausfindet. Der Häuptling erwartet mit grimmiger Miene die Auskunft des Arztes, der nach kurzer Untersuchung herausfindet, dass nur eine rasche Operation, auf die er am Tag nach der Ankunft kaum gerichtet ist, das Leben des Häuptlingssohns retten kann. Marie bereitet eine Narkose mit Chloroform vor, nach der der Kranke dem Häuptling wie tot erscheint. Der zeigt auf den Vollmond, der über den Nachthimmel zieht und sich einem mächtigen Baum nähert, und erklärt, dass er nur so lange wartet, bis der Vollmond hinter dem Baum hervorgekommen ist. Sollte der Junge bis dahin nicht mehr lebendig werden, müssten alle, auch Marie und der Lehrer, sterben.

Der weiße Arzt behält die Ruhe, führt unerschrocken die Operation durch, bei der ihm Marie mit der Petroleumlampe leuchtet, verbindet den Kranken – und wartet auf dessen Erwachen, wie die Schwarzen, die ihn umringen. Immer wieder geht der Blick zum Mond, der hinter dem Baum verschwindet, langsam wieder hervortritt und schließlich voll erscheint. »Il est mort!« – »Er ist tot!« schreit der Vater des Kranken und die schwarzen Krieger greifen nach ihren Waffen. Die Kamera hält quälend lange den Blick auf den Patienten, der sich endlich regt, die Augen öffnet und dankend die Hand des weißen Doktors ergreift. Die Spannung der Schwarzen löst sich in Gesängen und Tänzen, und die glückliche Nachricht wird durch Rufe und Trommeln in die Nacht verbreitet.

Diese Szenen sind einfach unvergesslich, und Hans, dessen Tochter Anne ihm den Film wieder beschafft hat, schreibt mir aus Zimbabwe: *»Ich hab damals den Hauptteil des Films nicht verstanden und kann mich nur an diese eine Szene erinnern. Die geht mir noch heute unter die Haut.«*

Nachhaltiger als dieses aufregende Geschehen mögen auf Hans die Szenen gewirkt haben, in denen geschildert wird, mit welcher Aufopferung und Herzenswärme Albert Schweitzer die einfachen Mittel der damaligen Medizin einsetzt, um denen zu helfen, die mit ihren Krankheiten zu ihm kamen oder gebracht wurden: mit Malaria, Gelbfieber,

Lepra, oft auch, wie Albert Schweitzer berichtet, mit einem Leistenbruch, der ohne Eingriff zu einem qualvollen Tod führen kann.

Nicht, dass sich Hans nach dem Kinobesuch schon als Missionsarzt gesehen hätte, dieser Entschluss musste über längere Zeit reifen. Er hatte aber erstmals einen Blick auf Afrika geworfen, den »dunkel lockenden Kontinent«, und ein Traum ist geboren worden, der ihn seither nie mehr losgelassen hat. Albert Schweitzer ist ihm ein Vorbild geworden und immer geblieben. Hans beschreibt das mit einem Wort von Albert Schweitzer selbst:

»Manchmal will unser Licht erlöschen und wird durch ein Erlebnis an einem Menschen wieder neu angefacht. So hat jeder von uns in tiefem Dank derer zu gedenken, die Flammen in ihm entzündet haben.«

Neben Albert Schweitzer nennt er in einem Atemzug weitere Menschen, die in ihm ein inneres Licht angezündet haben: den schon erwähnten Jugendkaplan Mohrbacher, den Missionsarzt Dr. Neudecker, Pater Werenfried von Straaten und Frédérick Leboyer. Von ihnen allen wird noch die Rede sein.

Noch einen weiteren Satz Schweitzers aus seinen Lebenserinnerungen will ich zitieren, weil er die Entscheidung beschreibt, zu der Hans am Ende des Ringens gelangt ist:

*»Die Entscheidung. Am 13. Oktober 1905, einem Freitag, warf ich in Paris in einen Briefkasten der Avenue de la Grande Armée Briefe ein, in denen ich meinen Eltern und einigen meiner nächsten Bekannten mitteilte, daß ich mit Anfang des Wintersemesters Student der Medizin werden würde, um mich später als Arzt nach Äquatorialafrika zu begeben.«**

* Das Albert Schweitzer Lesebuch, C.H. Beck, 1984, S. 90

Berufsjahre – Erfahrungen für Afrika

Stationen auf dem Weg: Abitur, Studium, Arztausbildung

Die Idee einer Arbeit in der Mission, und zwar in Afrika, war geboren, der Weg dorthin aber noch weit. Ich will ihn nur kurz beschreiben, zumal ich ihn nicht mitgegangen bin. Seit Sommer 1955 absolvierten wir die letzten drei Jahre des Gymnasiums an unterschiedlichen Schulen, Hans in St. Ingbert und ich in Neunkirchen. Die Zeit als Pfadfinder ging zu Ende, die Freundschaft mit Hans aber blieb. Wir haben uns aber nur noch sporadisch gesehen. Hans bekam mit, dass ich in der Zeit der Tanzstunden meine Liebe gefunden habe, und ich verfolgte, dass Ute seine Liebe blieb. Drei Schuljahre waren noch zu durchleben, mit dem Ziel des Abiturs, das wir beide problemlos bestanden. *»Mein Lieblingsfach«*, schreibt Hans, *»blieb bis übers Abitur hinaus der Sport.«*

Ich fragte Dieter Trost, im Gymnasium ein paar Klassen über uns und ein von uns allen bewunderter Sportler, ob er mir einiges über die sportlichen Leistungen von Hans erzählen kann. Er könne sich, schrieb er mir freundlich, an einzelne Erlebnisse nicht mehr erinnern, schickte mir aber das im Buch abgedruckte Foto, das Hans beim Spiel in vollem Einsatz zeigt.

Diese Begabung und Begeisterung für den Sport bestimmte nach dem Abitur zunächst die Berufswahl, denn Hans ließ sich mit dem Ziel einer Ausbildung zum Lehramt für die Fächer Sport, Zoologie und Botanik immatrikulieren. Das heißt nicht, dass er den Gedanken an eine Arbeit in Afrika aufgegeben hätte. Er hatte aber berechtigte Zweifel, ob sein Studium ihm Kenntnisse vermitteln würde, die in der Mission sinnvoll genutzt werden könnten. Um diese Zweifel auszuräumen, fragte Hans einen Afrika-Missionar, der in der Kirche St. Hildegard predigte und zu Spenden aufrief, und schrieb zur Sicherheit außerdem an die höchste Instanz der Katholischen Kirche, den Vatikan. Die Auskunft lautete jeweils, wie er gerne erzählt und wie wir es gerne glauben, dass Laien in der Mission am ehesten als Arzt oder Maurer benötigt würden, nicht aber als Lehrer für Sport oder Biologie.

Den Beruf des Maurers hatte Hans schon über einer Ferienarbeit im Betrieb des Großvaters kennengelernt. Ein harter Job, für den er sich trotz seiner Sportlichkeit nicht prädestiniert fühlte. Blieb nur die Medizin, ein Fach, an das er vorher nie gedacht hatte. Medizin? Was weiß man als Abiturient schon von der Arbeit des Arztes, abgesehen von dem, was man am eigenen Leib erfahren hat? Erneutes Ringen und dann eine rasche Entscheidung, abgesprochen mit der zukünftigen Frau. Hans beschreibt das in seinem Buch »Begeisterung für das Leben« wie folgt:

»Nichts in meinem Leben wies bis zum Jahr 1959 darauf hin, dass ich den Arztberuf ergreifen würde. In meiner Familie gab es weit und breit keinen Arzt. Mein Interesse galt dem Sport und nach dem Abitur entschied ich mich für das Lehramt mit den Fächern Sport, Biologie und Erdkunde. Ein Kindheitstraum, als Missionar in Afrika zu arbeiten, war damit ausgeträumt. Dort brauchte man Priester, Handwerker und Ärzte. Der Priesterberuf schied aus, da ich mich mit vierzehn Jahren in ein Mädchen verliebte, das zehn Jahre später meine Frau wurde. Für ein robustes Handwerk schien ich nicht geeignet; das merkte ich, als ich in den Semesterferien ›auf dem Bau‹ etwas Geld verdienen wollte. Das Medizinstudium war mir einfach fremd, zumal mir die für das Vorphysikum so wichtigen naturwissenschaftlichen Fächer schwerfielen. Doch ich habe wohl die Stärke meines Traumes unterschätzt. Nach acht Wochen Lehramtsstudium meldete ich mich zum Medizinstudium an.«

Die Scheu vor dem Arztberuf kann ich gut nachempfinden, wie die meisten von uns. In meinen Studienjahren lernte ich in meiner Studentenverbindung viele angehende Mediziner kennen, die mir über ihr Studium berichteten. Meine Neugier war groß genug, um einen von ihnen in die Anatomie zu begleiten, zur Tarnung im weißen Kittel, mit dem Atlas der Anatomie unterm Arm. Danach war mein Interesse endgültig gestorben.

Unser Freund Hans Schales schob diese Scheu jedoch beiseite und begann das Medizinstudium. Die stille Hoffnung seiner Mutter, dass einer ihrer Söhne einen geistlichen Beruf ergreife, blieb unerfüllt. Immerhin gibt es manches Verbindende der beiden Berufe Priester und Arzt. Beide begleiten den Menschen am Beginn und Ende ihres Lebens, wobei der Arzt jeweils den Vortritt hat, mit der Hilfe bei der Geburt vor der Taufe und mit der Hilfe beim Sterben vor der Beerdigung.

Diesen fliegenden Studienwechsel hat Ute, wie Hans mir schreibt, von Anfang an mitgetragen. Studium der Medizin, das bedeutete, nach den Vorsemestern an der Universität des Saarlandes in Saarbrücken das Studium in Homburg fortzuführen, wo in ehemaligen Kasernen und neuen Bauten sowohl das Landeskrankenhaus als auch die medizinische Fakultät der Universität untergebracht sind. Hans hörte während des Studiums vom Missionsärztlichen Institut in Würzburg und meldete sich nach dem Vorphysikum im Jahr 1959 bei dessen Direktor, dem Pater Eugen Prucker. Er wurde in die Studentengemeinschaft der Missionsmediziner im Christophorus-Haus aufgenommen. So spielte Würzburg ein weiteres Mal und nicht zum letzten Mal eine Rolle in seinem Leben.

»Ich habe in Saarbrücken und Homburg begonnen und bin dann nach Würzburg gewechselt, um Mitglied im Missionsärztlichen Institut zu werden. Ich bin nach dem ersten klinischen Semester zurückgegangen nach Homburg,

wo ich im November 1963 das Staatsexamen abgelegt habe. In Würzburg habe ich die ersten Kontakte mit Missionsärzten aufgenommen, die ihren Heimaturlaub hatten. Der österreichische Missionsarzt Dr. Hans Neudecker hat mich besonders begeistert. Ich habe ihn im Jahr 1961 während der Semesterferien von drei Monaten in einem kleinen Missionskrankenhaus (Ijebu-Igbo) in Südnigeria besucht. Von nun an gab es nur ein Ziel, so schnell wie möglich meine vorgeschriebene Zeit als Medizinalassistent hinter mich zu bringen, um als Assistenzarzt ausreisen zu können.«

Das Staatsexamen im November 1963 öffnete das Tor zum Berufsleben, zunächst aber, wichtiger noch: zur Heirat! Endlich heiraten! Das hatte damals einen anderen Klang als heute. Die Heirat war das Ziel des Wünschens, sicher nicht für jeden in gleichem Maß, bei uns aber doch. Hans und Ute hatten sich, wie Hans mir erst vor kurzem erzählt hat, im Jahr 1960 heimlich verlobt. Das Geld für die in Saarbrücken erworbenen Ringe konnte Hans nur dadurch beschaffen, dass er einen Teil seiner Briefmarkensammlung opferte. Am 30. November 1963 konnten die beiden dann endlich heiraten, in St. Ingbert, getraut von dem ihnen verbundenen Pfarrer Mohrbacher. Ute, die am 16. Januar 1940 in Köln zur Welt gekommen war, tauschte ihren Mädchennamen Koch gegen den Namen von Hans ein. Bei mir sah es nicht viel anders aus: Nach Bestehen der zwei juristischen Staatsexamen war im April 1964 der Weg in die Ehe offen.

Über die junge Ehe weiß ich nicht viel zu sagen, ich kann sie nur mit meinem Start ins Familienleben vergleichen. Hans und Ute zogen in einem Haus auf dem Scheidterberg als Mieter ein, ins Obergeschoss, in dem der Raum nach der Geburt der Kinder immer enger wurde, so dass die Doktorarbeit in einem der Kinderzimmer geschrieben werden musste. Der Sohn Oliver ist im Jahr 1964 zur Welt gekommen, die Tochter Anne im Jahr 1965. Meine Frau erinnert sich besser als ich an die Besuche auf dem Scheidterberg und an die zwei Kleinen. Die Kinder Moench sind ein Stück später zur Welt gekommen.

Neben dem Familienleben lief die abschließende Ausbildung als Arzt, bei der Hans drei Saarbrücker Krankenhäuser kennengelernt hat. Zu Beginn des Studiums leistete er ein »Pflegepraktikum« im Knappschaftskrankenhaus St. Ingbert ab. Zur klinischen Ausbildung war er im Heiliggeistkrankenhaus (1964), im Evangelischen Krankenhaus (1964/65) und im Reppertsberg-Krankenhaus (1965/66).

In dieser Zeit stand fest, dass Hans, von Ute und den Kindern begleitet, alsbald nach Abschluss der Ausbildung als Missionsarzt nach Nigeria gehen wollte. Letzte Hürde war die Doktorarbeit. Hans war dankbar, eine Arbeit zu erhalten, die ihn nicht allzu lange von seinem großen Ziel fernhielt. Es war ein dem Sport nahes Thema: »Die Abstoßkraft des Fußballens bei Sprung und Lauf«. Ich weiß noch, dass er mir damals lachend erzählte, mit welchem Apparat er sich abgemüht hat, um diese Kraft in einer Versuchsreihe zu messen. *»Die Doktorarbeit, die ich als gewissenhafter Medizinalassistent zu schreiben hatte, hat unseren Traum, nach Nigeria auszureisen, sehr gestört. Die Arbeit habe ich allein als zeitraubende Pflichtübung verstanden.«*

Das spricht nicht gegen Hans und nicht gegen seinen Doktorvater Prof. Dr. Groh, der Hans keine zeitraubende Forschung zumuten wollte. Er wusste, wie sehr Hans darauf brannte, nach Afrika zu kommen, und hatte dafür Verständnis, weil er selbst als junger Arzt längere Zeit im Urwaldkrankenhaus Lambarene ausgeholfen hatte. Für »Dr. Hans Schales« und seine Familie konnte das Abenteuer Afrika beginnen.

»Unser Entschluss, im Jahr 1966 dann nach Afrika zu gehen, war nicht ein einsamer ethischer Entschluss und keine großartige Idee, sondern ausgelöst durch Begegnungen mit Personen und Erlebnissen, die unserem Leben einen

neuen Horizont und damit die entscheidende Richtung gegeben haben. Ich selbst kann allerdings als unerfahrener Arzt, der ich noch war, eine gewisse Abenteuerlust nicht abstreiten.«

Mit der jungen Familie als Missionsarzt in Nigeria

»Im Sommer 1966 war unsere Ausreise nach Nigeria, wo wir bis 1968 blieben. Ich wurde als Arzt an dem Krankenhaus ›Our Lady of Apostels‹ in Jos eingesetzt, das von der irischen Mission geleitet war. Mein Vorgesetzter war ein deutscher Chirurg, Dr. Erich Wimmer, Missionsarzt aus Würzburg, der sich für zehn Jahre verpflichtet hatte und mit seiner Familie in Jos lebte. Von ihm bin ich angelernt worden. Vom Missionsärztlichen Institut Würzburg war ich einem irischen Bischof unterstellt worden. Er war mein Arbeitgeber und ich wurde von seinem Bistum bezahlt. Medizinisch war ich ein Anfänger und habe zum Beispiel unter der Anleitung des Chirurgen erstmals einen Kaiserschnitt vorgenommen.«

Nigeria war nun nicht Schwarzafrika und das Krankenhaus in Jos kein Urwaldkrankenhaus Lambarene. Und trotzdem: Die Familie lebte nun im fernen Afrika. Das Land ist zweieinhalb Mal so groß wie Deutschland und mit geschätzten 150 Millionen Einwohnern das bevölkerungsreichste Land Afrikas. Die vielen Menschen verteilen sich auf etwa 400 Völker mit rund 500 Sprachen und Idiomen. Hans musste sich, von der Unterhaltung mit dem deutschen Chirurgen einmal abgesehen, auf Gespräche in Englisch umstellen, der Amtssprache des Landes, das erst sechs Jahre zuvor von Großbritannien die Unabhängigkeit gewonnen hatte. Englisch war natürlich auch die Sprache des irischen Personals.

Mit Jos in Zentralnigeria, von den Engländern gegründet und etwa mit der Einwohnerzahl des Saarlandes, hatten Hans und seine Familie es nicht schlecht getroffen. Die Stadt liegt klimatisch günstig auf einem Plateau von 1.200 Metern Höhe, fast vollständig von Bergen umgeben und in einer Urlaubsregion von Nigeria. Vom Bergbau in der Umgebung abgesehen hat sie wenig Industrie, kirchlich ist sie Sitz eines Erzbistums. Wie Hans auf Nigeria und die Stadt Jos kam, erklärt er mir so:

»Dr. Hans Neudecker, den ich in Würzburg bei den Missionsmedizinern kennengelernt habe und bei dem ich 1961 drei Monate als Medizinstudent famuliert habe, war für mich ein Typ wie Albert Schweitzer. Er hatte einen Vertrag über zehn Jahre als Missionsarzt geschlossen. Er hatte seine Arbeit in Abeokuta, einer größeren Stadt im Südwesten von Nigeria, begonnen und später ein kleines Krankenhaus auf dem Land neu aufgebaut. Dort habe ich mein Krankenhauspraktikum abgeleistet. Der Süden Nigerias war in der Kolonialzeit wegen des mörderischen Klimas als ›Grab des weißen Mannes‹ bekannt und berüchtigt. Das war mit ein Grund, dass ich mich für ein Krankenhaus auf dem klimatisch günstigeren Hochplateau im nördlicheren Nigeria entschieden habe.«

In diesem Land, buntscheckig nach Völkern und Sprachen, setzt sich die Bevölkerung etwa zur Hälfte aus Muslimen und Christen zusammen, die Muslime hauptsächlich im Norden, die Christen hauptsächlich im Süden, der dank Erdölvorkommen reichsten Region des Landes. Der Versuch der christlich animistischen Bevölkerung im Süden, einen selbständigen Staat Biafra zu gründen, führte ausgerechnet im Jahr der Aussiedlung von Hans zu einem Krieg, der bis zur Beendigung im Jahr 1970 bis zu zwei Millionen Tote forderte. Obwohl Jos nicht unmittelbar davon betroffen war, war der Krieg von Anfang an spürbar. Außerdem gab es ausgerechnet in Jos immer wieder blutige Auseinandersetzungen zwischen den muslimischen Hausas und den christlichen Ibos, bis zum heutigen Tag, bei der die Ibos meist die Opfer sind.

»Das Pogrom der Ibos ging im Norden von Kano und Jos aus. Die Hausa-Bevölkerung mordete und vertrieb die Ibos. Wir sahen schreckliche Bilder. Bei unserer Ankunft im Sommer 1966 herrschte in Biafra bereits Krieg. An unserem Abreisetag waren die Flughäfen in Nigeria geschlossen, was wir erst am Flughafen in Frankfurt erfuhren. Mein Bruder Norbert hatte uns mit Sack und Pack nach Frankfurt zum Einchecken gebracht, und ein paar Stunden später waren wir wieder in St. Ingbert, in der Beethovenstraße, wo wir für eine Woche aufgenommen und notdürftig untergebracht wurden, weil wir unsere Wohnung auf dem Scheidterberg gekündigt und geräumt hatten. Als wir dann eine Woche später mit einer überfüllten KLM-Maschine in Kano gelandet waren, sahen wir als Erstes einen Afrikaner mit einer Kalaschnikow. Unser Gepäck wurde kontrolliert, und alles, was neu aussah, wie Utes Kleider und Schuhe oder ein Tonbandgerät, wurde konfisziert. Da wir den Weiterflug nach Jos verpassten, wurden wir in der Nähe des Flughafens notdürftig untergebracht und am nächsten Tag nach Jos gebracht. Dort hat uns niemand erwartet, da der Arzt des Krankenhauses nicht von unserer verschobenen Ankunft informiert worden war. Ich meine mich zu erinnern, dass es uns nach einigen Stunden gelang, das Personal des Krankenhauses per Bote zu benachrichtigen. So nahm die Odyssee ein gutes Ende.«

Wenn man schon festhalten muss, welchen Mut die junge Mutter Ute aufgebracht haben muss, mit ihren zwei kleinen Lieblingen ins unbekannte ferne Afrika zu ziehen, lässt sich ausmalen, wie dieser Mut gleich am Ankunftstag auf die Probe gestellt wurde, was alles auf die Familie eingestürzt ist. Es wäre kein Wunder, wenn der Gedanke »Auf was haben wir uns da eingelassen!« durch die Köpfe von Hans und Ute gegangen wäre. An eine fluchtartige Heimkehr war aber nicht zu denken. Wie wir sie kennen, wären sie auch dann nicht geflohen, wenn sich

Die junge Familie Schales in Nigeria mit Oliver, Anne und dem treuen Musa als Hausboy.

die Möglichkeit geboten hätte. Während Hans in der Praxis des Krankenhauses an ärztlicher Erfahrung gewann, lebten Ute und die Kinder in einem nicht weit entfernten Haus. Immerhin erleichterte dieses Haus mit seinem Garten das Familienleben. Ute hatte als Hilfen einen einheimischen Hausboy und zeitweise einen Gärtner. Außerdem war der Familie ein Volkswagen gestellt worden. Die kleine Anne war bei der Ankunft in Nigeria noch kein Jahr alt, Oliver gerade einmal zwei Jahre. Sie wuchsen mit der gesunden Natur von Kindern nicht viel anders auf, als wenn sie in der alten Heimat geblieben wären.

»Wir waren auf die Wohnverhältnisse am Ort vorbereitet, sind aber immer wieder von Strom- und Wasserausfall überrascht worden. Die Kinder haben sich bei ihrer Mutter wohl gefühlt, ich hatte nur wenig Freizeit für die Familie. Gut war, dass wir in Jos zwei deutsche Arztfamilien mit insgesamt fünf Kindern waren. Im Kindergarten lernte Oliver auch einheimische Kinder kennen.

Das Klima auf dem Hochplateau war erträglich. Der Staubwind aus der Sahara war vor allem während der Weihnachtszeit lästig. Die ganzjährige Malariagefahr zwang auch die Kinder zu der unbeliebten Prophylaxe. Ute musste sogar eine gefährliche cerebrale Malaria mit Sehstörungen durchstehen, und mich machte eine Amöbenruhr für einige Tage arbeitsunfähig.«

Zum Glück war Jos nicht aus der Welt. Von Zeit zu Zeit kamen Besucher aus Deutschland. Daneben trafen immer wieder Post und Hilfspakete ein. Ich erinnere mich, dass ich es gerne übernommen habe, Hans mit Lektüre und Musik zu versorgen, damals noch als Schallplatten – nicht ahnend, dass es vierzig Jahre später eine ähnliche »Postbrücke« zwischen dem Saarland und Bulawayo in Zimbabwe geben würde.

Während Hans am Krankenhaus in Jos noch einen erfahrenen Arzt um Rat fragen konnte, war er als einziger Arzt auf sich allein gestellt, als er zu einem kleinen Buschkrankenhaus im nigerianischen Akwanga geschickt wurde, weil der dort tätige Arzt ausgefallen war. Nur zeitweise stand ihm dort eine deutsche Krankenschwester zur Seite. Hans erzählte uns später, wie er sich dort »durchwursteln« und Operationen wagen musste, die hierzulande einem Spezialisten vorbehalten geblieben wären. Man stelle sich eine solche Situation vor: Stromausfall am kleinen Krankenhaus und ein Eingriff, wie ihn Hans nie zuvor gesehen oder ausgeführt hat, der jetzt aber unausweichlich ist, um dem Patienten wenigstens eine kleine Chance des Überlebens zu bieten. Er muss ohne die Operation sterben, er kann durch sie sterben – aber eben auch überleben. Neben dem Operateur steht seine Frau Ute und hält ihm das aufgeschlagene Lehrbuch der Chirurgie hin, aus dem Hans die notwendigen Schritte abliest. Hans beschreibt das so:

»Einige Wochen nach Ankunft in Jos wurde ich in ein kleines Buschkrankenhaus, drei Stunden von Jos entfernt, abkommandiert, weil der dortige Arzt nach einem Autounfall für einige Monate ausgefallen war. Dort hatte ich meine erste Leistenbruchoperation mit Resektion des Darms, bei Kerzenlicht, bei der mir Ute mit dem Chirurgiebuch assistierte.«

Was Hans nicht erwähnt: der Patient hat überlebt. Ähnlich abenteuerlich klingt der Bericht über eine Operation, bei der Hans aus Draht einen Ersatz für den entfernten Unterkiefer geformt hat.

So vergingen zwei Jahre in Nigeria. Durch den Briefverkehr – die E-Mail gab es ja noch nicht – wussten wir im Groben voneinander Bescheid. Ich hatte im Jahr 1967 nach dem Zweiten Staatsexamen meine Doktorarbeit geschrieben, nicht über die Abstoßkraft des Fußballens, sondern über die methodologischen Bestrebungen der Freirechtsbewegung, und eine Stelle in der Finanzverwaltung des Saarlandes bekommen. Hans signalisierte uns die Rückkehr ins Saarland: *»Wir standen vor der Frage, unseren Vertrag um zwei weitere Jahre in Nigeria zu* *verlängern und Oliver in Jos einzuschulen oder die Heimreise anzutreten. Wir haben uns für die Heimreise entschieden, auch aus weiteren Gründen.«* So kam die Familie Hans Schales zurück ins Saarland. Rückblickend sagt er, dass er aus der Zeit in Nigeria etwas mitgebracht habe, was er als missionarische Haltung bezeichnen möchte.

Langes Zwischenspiel: Frauenarzt im Saarland

Das erste afrikanische Abenteuer war beendet. Daran, ob es je ein weiteres geben würde, dachte noch niemand. Hans, Ute und ihre Kinder Oliver und Anne, lebten wieder im Saarland. Für Oliver begann der schulische »Ernst des Lebens« und Hans musste sich entscheiden, wo und wie er seinen Beruf als Arzt ausüben möchte. Dazu schreibt er mir:

»In St. Ingbert-Süd mieteten wir eine Wohnung. Ich wollte mich in St. Ingbert als Allgemeinarzt niederlassen und hatte auch schon Praxisräume im Auge. Sie mussten auf meine Kosten hergerichtet werden, wir hatten aber kein Geld dafür. Ich bewarb mich deshalb in der Chirurgie am Krankenhaus St. Josef in Dudweiler um eine Assistentenstelle und bin angenommen worden. In Dudweiler hat mich dann Dr. Braunberger, der dortige Belegarzt für die Gynäkologie, mit dem Angebot einer höheren Bezahlung abgeworben. Das bedeutete, dass ich den Weg in Richtung Frauenarzt einzuschlagen hatte. Ich biss in den sauren Apfel. An sich hatte ich nie die Absicht, Frauenarzt zu werden, das entpuppte sich aber als meine beste Entscheidung. Zur Anerkennung als Facharzt musste ich für ein Jahr in die Hauptfachabteilung des Knappschaftskrankenhauses in Quierschied, zu Dr. Drescher.«

Dass Hans den Weg zur Medizin eingeschlagen hat, hat mich weniger gewundert als die nachfolgende Entscheidung, Frauenarzt zu werden. Frauenarzt! Ich erinnere noch einmal daran, wie sehr sich die kirchlichen und schulischen Institutionen bemüht hatten, uns möglichst lange und gründlich von den Vertreterinnen des anderen Geschlechts fernzuhalten. Die »Aufklärung« war ausgerechnet den zölibatären Religionslehrern übertragen worden, die verständlicherweise höchst zaghaft an das Thema herangingen und nur abwehrend auf konkrete Fragen mutiger – wohl bereits wirklich aufgeklärter – Klassenkameraden eingingen. Knabengymnasium und Mädchengymnasium waren getrennte Welten und in der Kirche blieb die Frauenwelt im linken Kirchenschiff und die Männerwelt rechts durch die »Feuerschneise« des Mittelgangs getrennt. Meine erwachende Neugier konnte ich nur durch einen Bildband über Peter Paul Rubens im abgeschlossenen Teil des elterlichen Bücherschranks notdürftig stillen. Bei Hans werden die Dinge ähnlich gestanden haben, »die Mädchen« waren kein Thema unter Freunden. In seinem Buch »Begeisterung für das Leben« geht Hans selbst auf die überraschende Entscheidung ein.

»Arzt ja, aber Frauenarzt? – Erst als ich schon die ›medizinische Reife‹ hatte, erfuhr ich von meiner Mutter, dass ich an einem Sonntag geboren wurde und dass sie mich gestillt hat, was 1938 durchaus üblich war. Wenn sich die Erwachsenen in unserer Familie unterhielten, wurde in Anwesenheit von Kindern über das Thema Krankheit, Schwangerschaft und Geburt nur getuschelt, und so habe ich auch in dieser Hinsicht keine zusätzliche Vorbildung für das Medizinstudium mitgebracht. Eine Großtante, hörte ich, sei während der Kriegsjahre kurz nach der Geburt ihres ersten Kindes gestorben, ihr Kind sei als Steißlage tot zur Welt gekommen. Schuld sei der Arzt gewesen, der zu spät gekommen sei.

Während meines Medizinpraktikums im Knappschaftskrankenhaus St. Ingbert durfte ich erstmals einer Geburt zusehen. In einer schmalen, winkeligen Dachkammer gab eine resolute Hebamme laute Kommandos, und eine junge Frau stöhnte, schrie und schwitzte. Von Arzt und Technik war weit und breit nichts zu sehen. Ich hatte nicht den Eindruck, dass die Geburt ein Vorgang von medizinischem Interesse sein könnte. Mir sind heute noch die Frau, die Hebamme und die Kammer, nicht aber das Kind in Erinnerung. Während dieses Praktikums schickte mich der Chefarzt – Chirurg und Geburtshelfer zugleich – zu einem ›seltenen Fall‹: ›Eine Mehrgebärende ist soeben eingeliefert worden, Nabelschnurvorfall, das Kind ist abgestorben.‹ Zum ersten Mal sah ich bewusst eine Nabelschnur und ich bekam einen heiligen Schrecken, als ich das Pulsieren der Nabelschnur ertastete. Ich rannte zum Chef – das Kind wurde durch Kaiserschnitt gerettet. Mir erschien das als heroische ärztliche Tat und dieses Erlebnis werde ich nie vergessen.

Während meines weiteren Medizinstudiums in Würzburg und Homburg habe ich keine Geburt mehr erlebt. Die Pflichtvorlesungen habe ich gehört und die praktischen Übungen am Phantom absolviert. Kein Professor konnte mich für das Fach Geburtshilfe begeistern, vielleicht war ich auch in den falschen Vorlesungen. Rückblickend glaube ich, dass das wissenschaftliche Interesse an der Geburtshilfe um das Jahr 1960 noch wenig verbreitet war. Auch die Neonatologie steckte noch in den Kinderschuhen.

1964 kam unser Sohn komplikationslos als Steißlage zur Welt. Als Medizinalassistent war es mir erlaubt, dabei zu sein. Ich stand hilflos und nutzlos in ehrfürchtigem Abstand neben meiner Frau, während die Oberärztin und eine Assistenzärztin ›Hand anlegten‹. Die Hebamme verschwand mit unserem Kind im Kinderzimmer, während ein Dammschnitt versorgt und dabei ein Tupfer ›vergessen‹ wurde. Nachts schlich ich mich, von der diensttuenden Hebamme unbemerkt, zu meinem Sohn. Ich war stolz und glücklich. Der vergessene Tupfer hat sich erst zehn Tage nach der Geburt durch seinen Geruch verraten.

1965 wurde unsere Tochter nach vorzeitigem Blasensprung in den frühen Morgenstunden durch halbstündliche Verabreichung von Oxytocin auf die Welt getrieben. Zu dieser Geburt hatten mich meine Kollegen nicht gerufen, weil sie mich für den Nachtdienst am Folgetag schonen wollten. Meine Frau hatte an diese Geburt unangenehme Erinnerungen, einmal wegen des künstlich forcierten Verlaufs, und zum anderen, weil ich sie allein gelassen hatte.

Beide Geburten waren für meine Frau und mich, obwohl es Risikogeburten waren, keine eigentlichen medizinischen Vorgänge. Meine Frau hatte sich physisch und psychisch nie wohler gefühlt als während der Schwangerschaften. Die Mutterschaftsvorsorge bestand aus einem zweimaligen Gespräch mit meinem damaligen Chef bzw. der Oberärztin, die beide ›hauptamtlich‹ Chirurgen waren. Vorsorglich wurde die Blutgruppe meiner Frau festgestellt. Dass sich der Sohn in Steißlage befand, erkannte erst die Hebamme bei der Aufnahmeuntersuchung eine Stunde vor der Geburt.«

Ich unterbreche hier den Bericht, den ich bewusst im vollen Wortlaut wiedergebe, weil er durch die Offenheit und Schlichtheit des Erzählens überzeugt. Welcher Arzt würde auf dem Höhepunkt eines erfolgreichen Berufslebens so bescheiden und ehrlich von den ersten Schritten erzählen? Es war unserem Hans wirklich nicht an der Wiege gesungen worden, Frauenarzt zu werden. Jeder Leser, der das Glück hat, Vater geworden zu sein, und erst recht jede Leserin und Mutter wird an die eigenen Erfahrungen erinnert werden. »So war es damals«, wird man sagen, wenn man den Bericht der ersten von Hans verfolgten Geburt liest. Bei unseren drei Kindern habe ich nur die letzte Geburt im Jahr 1970 verfolgen dürfen. Bei der ersten Geburt im Jahr 1965 musste ich im schwach beleuchteten Flur vor dem Kreißsaal des Knappschaftskrankenhauses Quierschied um meine Frau bangen, bis mir nach einer gefühlten Ewigkeit die Geburt einer gesunden Tochter mitgeteilt wurde. Bei der zweiten Geburt im Jahr 1967 schickte mich die Hebamme mit der Bemerkung nach Hause, in der folgenden Nacht würde sich nichts mehr tun, um dann gleich nach meinem Abgang meiner Frau, die sich wegen Blasensprungs ins Krankenhaus hatte fahren lassen, zu sagen: »So, Frau Moench, jetzt geht es los!« Erst am Ende dieser Nacht, neben dem Telefon schlafend, wurde ich angerufen, um von der geglückten Geburt eines Sohnes zu erfahren. Beim dritten Mal, der Geburt einer weiteren Tochter, wurde ich höflich gefragt, ob ich in den Kreißsaal kommen möchte. Ich war auf diese Frage nicht gewappnet, sagte mit gewissem Bangen, aber ohne Zögern zu und war also »dabei«. Ich muss aber gestehen, dass ich meine Brille für schärfere Fernsicht nicht anzog. Mein Freund Hans Schales, damals Assistenzarzt in Quierschied, hielt sich bei dieser Geburt diskret zurück und überließ das Feld seinem Chef. In seinem Buch berichtet Hans weiter:

»1959 wurde ich Studentenmitglied im Missionsärztlichen Institut in Würzburg. 1961 famulierte ich während der Semesterferien drei Monate in einem Missionskrankenhaus in Nigeria/Westafrika. Nach dem Staatsexamen und drei Jahren Vorbereitungszeit in verschiedenen Krankenhäusern des Saarlandes konnte ich 1966 endlich meinen Traum verwirklichen. Ich arbeitete über zwei Jahre als Missionsarzt in zwei Krankenhäusern in Nigeria. Geburtshilflich war ich nur bei Vakuumextraktionen oder Kaiserschnitten tätig. Mutterschaftsvorsorge und Geburtsbegleitung lagen in den Händen von erfahrenen Hebammen. Das Leben in den Tropen und die vielseitigen Anforderungen eines Missionskrankenhauses waren für mich Ausgangspunkt und Bestätigung der richtigen Berufswahl. Unter einfachsten Bedingungen lernte ich improvisieren, und ich spürte die Ohnmacht, wenn Medikamente und Technik fehlten. Zurück in Deutschland, weil die Kinder in Deutschland zur Schule gehen sollten, hatte ich die Absicht, in meiner Heimatstadt eine Allgemeinpraxis aufzubauen. Aus finanziellen Gründen musste ich mir erst eine Arbeit suchen. Die Anstellung bei dem Frauenarzt Dr. Braunberger, der im Krankenhaus St. Josef Dudweiler eine Belegabteilung führte, hat nun erstmals meine Sympathie für das Fach Frauenheilkunde und Geburtshilfe geweckt.«

Drei Jahrzehnte in Beruf und Familie

Es folgen drei Jahrzehnte, die Hans Schales zusammen mit seiner Familie im Saarland verbrachte. Dass die Erfahrungen, die er im Beruf sammeln konnte, ihm am Ende dieser Zeit beim erneuten Wechsel nach Afrika zugute kommen würden, wird er nicht geahnt haben. Er wird es nur rückblickend als eine weitere Fügung des Schicksals sehen. Ob dann und wann der frühere Traum, nennen wir ihn einmal den »Albert-Schweitzer-Traum«, erwachte – wir wissen es nicht.

In dieser langen Zeit wurden die Kontakte zwischen Hans und mir wie auch zwischen unseren Familien selten. Ich muss nicht lange nach Gründen suchen. Uns hat der berufliche und familiäre Alltag einfach »aufgefressen«. Bei mir waren es die Berufsjahre in der Finanzverwaltung, mit einem Referat in der Steuerabteilung des Ministeriums, mit vielen Dienstreisen nach Bonn und später nach Berlin. Neben dem Dienst habe ich mir durch Unterricht, Vorträge und Schriftstellerei ein Zubrot verdient, das willkommen war, um ein Haus in Wahlschied zu erwerben und die drei Kinder studieren zu lassen. Die »Kinder« wurden in diesen Jahrzehnten groß, beendeten Schule und Studium, heirateten und wurden selbst Eltern. Meine Eltern alterten und starben, Geschwister sind gestorben, auch der in den St. Ingberter Jahren für uns wichtige Hans-Jürgen.

So ähnlich verlief auch das Leben bei Hans und Ute. Dort wurden die zwei Kinder Oliver und Anne groß, sind heute ihrerseits verheiratet und haben Hans zum vierfachen Großvater werden lassen. Auch bei ihm gab es Todesfälle: seine Mutter, Utes Eltern und schließlich der ältere Bruder Norbert. In diesen Jahren hat Hans, wichtig für die künftige Phase seines Lebens, berufliche Erfahrungen gesammelt und große berufliche Erfolge erzielt.

Ernte der Berufsarbeit: Begeisterung für das Leben

Hans ist Facharzt der Gynäkologie geworden, hat die erforderlichen Jahre der Praxis durchgemacht und vor der Ärztekammer seine Prüfung abgelegt. Als Facharzt kam er zum Krankenhaus St. Josef in Dudweiler zurück, wo er nach der Rückkehr von Nigeria begonnen hatte.

St. Joseph, wie eine Trutzburg auf einer Anhöhe hoch über den Dächern von Dudweiler, ist ein katholisches Krankenhaus und wird von den Einheimischen liebevoll »Kloschder« genannt. Für Hans bedeutete das, dass ihn die bitterernsten Fragen, ob und wann eine Abtreibung zulässig ist, nur am Rande trafen. Er wird weitgehend die Position der Kirche vertreten haben, ich denke aber, dass er in einem Ausnahmefall als Arzt und Menschenfreund eine eigene Entscheidung getroffen hätte.

Neben der Geburtshilfe, an die er beruflich sein Herz gehängt hat, hat ihn die Zuständigkeit für Frauenkrankheiten mit manchem Elend konfrontiert. Wie oft musste er einer Patientin eröffnen, dass er bei ihr Brustkrebs oder Unterleibskrebs entdeckt hat, wie wird er sich bemüht haben, seine Diagnose mit den richtigen Worten weiterzugeben, nach dem kalten Schrecken neue Hoffnung und Zuversicht zu wecken? Ich kann mich daran erinnern, dass er mir einmal staunend sagte, es sei ein Charakteristikum der Krebserkrankung, dass der Kranke fast bis zuletzt darauf hoffe, den Krebs besiegen zu können.

Einen Ausgleich dafür bot Hans die Geburtshilfe mit der dankbaren Aufgabe, einem neuen Mensch den Eintritt in das außermütterliche Leben zu erleichtern und der Schwangeren beim Beginn der Mutterschaft zu helfen. Das können wir nachverfolgen, weil sich Hans am Ende der »deutschen Zwischenzeit« von der Seele geschrieben hat, was er in der Begleitung der vielen Geburten erfahren und gelernt hat.

Dieser Lernprozess hat ihn über die Technik der Geburtshilfe weit hinaus geführt, zur Entdeckung der Persönlichkeit des neugeborenen Menschen, zur Entdeckung seiner Menschenwürde. Am Ende seiner Arbeit in Dudweiler hat er sein Credo als Geburtshelfer in einem Buch veröffentlicht, das den Titel »Begeisterung für das Leben – 30 Jahre Geburtshilfe« trägt. Ein enger Freund, Willi Braun, hat es in seinem Betrieb gedruckt, so dass der Verkaufserlös der Arbeit von Hans in Afrika zugute kam und zugute kommt. Die Widmung heißt schlicht »für Ute«.*

Zur Entstehungsgeschichte des Werks schreibt mir Hans: *»Nach den beruflichen Pflichten war ›Begeisterung für das Leben‹ meine Kür. Noch vor Utes Tod hatte ich einen Beitrag für das ›Saarländische Ärzteblatt‹ mit dem Titel ›25 Jahre Hauptfachabteilung Geburtshilfe und Gynäkologie im Krankenhaus St. Josef, Dudweiler‹ geschrieben. Diese Streitschrift ist dann die Grundlage für das Buch geworden.«*

Schon die Einleitung zeigt, dass Hans zwar den Fortschritt von Forschung und Technik der Medizin anerkennt, darüber hinaus aber mit dem Herzen bei der Sache ist, fasziniert vom Wunder der Geburt und des Mutter-Werdens: *»Ich spreche von den Erfahrungen eines langen Berufslebens, die ich hier aufzeichnen möchte, um damit etwas zurückzugeben, was ich von den Frauen und Kindern gelernt habe und das mein Leben bereichert hat.«*

Er beschreibt, wie sich die Geburtshilfe mit dem Einzug moderner Überwachungsmethoden zur Geburtsmedizin gewandelt hat. »Bis etwa 1970 haben die Geburtshelfer mit einem Hörrohr in die Gebärmutter gelauscht, um die kindlichen Herztöne auszuzählen und aufzuschreiben.« Mit der Periduralanaesthesie sei der lang ersehnte Traum von der schmerzfreien Geburt Wirklichkeit geworden und die Technik habe

* Eigenverlag, Vertrieb: Buchhandlung Bock & Seip, Saarbrücken, 2000, 2. Auflage 2006.

eine »programmierte Geburt« ermöglicht. Über diesen Fortschritten sei das Kind zum Objekt geworden.

»Was bot die programmierte Geburt dem Kind? Der Kopf des Kindes war kaum geboren, da wurden unter Scheinwerferlicht sein Nasen-Rachenraum und Magen abgesaugt, das Kind konnte nur durch Wegdrehen des Kopfes dem Arzt dieses Manöver erschweren; nachdem die Arme geboren waren, schlug das Kind nach dem Absaugkatheter, eine Hilfsperson musste Kopf und Arme festhalten, so dass ordnungsgemäß abgesaugt werden konnte. Das Neugeborene schrie aus Verzweiflung, vor Angst und Schmerzen. Sobald die Nabelschnur erreichbar war, wurde sie durchtrennt.«

Es erschüttert, wie mit dem Neugeborenen »umgegangen« wurde. Ein Bild zeigt, wie das Kind im »Hasenlaufgriff« an den Beinen hochgehalten wird.

»Oft schrien die Kinder, bis sie vor Erschöpfung einschliefen. Sie wurden der Mutter kurz gezeigt und dann für 24 Stunden ins Kinderzimmer gebracht. Dort wurden sie erneut gründlich gesäubert, gekämmt und stramm gewickelt. Meinem 1964 geborenen Sohn wurden die Arme fest an den Körper gewickelt, damit er sich nicht das Gesicht zerkratzen könne. ... Die Mutter wurde um ihren Erfolg und den schönsten Augenblick der Geburt betrogen, das Kind in sterile, medizinische Pflege gegeben.«

Der »Umgang« mit den Neugeborenen liegt auf einer Linie mit den überkommenen, damals noch gültigen Regeln der Kindeserziehung. Sabine Bode, die uns bereits als Autorin eines Buchs über die »Kriegskinder« begegnet ist, führt die Missachtung der natürlichen Bedürfnisse von Mutter und Kind letztlich auf den Ungeist des Nationalsozialismus und die durch seine Ideologie geprägten Ziele der Erziehung zurück.*

* Sabine Bode, Die vergessene Generation – Die Kriegskinder brechen ihr Schweigen, Klett-Cotta 2004, S. 151 ff.

Während in den zwanziger Jahren einzelne Krankenhäuser bereits zum Rooming-in übergegangen seien, um die Bindung zwischen Mutter und Kind zu fördern, sei von der Protagonistin der neuen Weltanschauung, Dr. Johanna Haarer, folgende Parole ausgegeben worden: *»Auf Frauen wartet als unaufschiebbare dringendste Pflicht, der Familie, dem Volk, der Rasse Kinder zu schenken.«*

Haarer forderte, Mutter und Kind sofort nach der Entbindung in getrennten Zimmern unterzubringen und mit dem ersten Stillen einen vollen Tag zu warten. Das Baby solle im Wesentlichen sich selbst überlassen bleiben und ein Zuviel an Zärtlichkeit müsse unterbleiben. »Sie hüten sich vor allzu lauten und heftigen Bekundungen mütterlicher Gefühle. … Solche Affenliebe verzieht das Kind wohl, es erzieht es aber nicht.«

Diese brutalen Empfehlungen landeten nicht, wie man annehmen möchte, mit dem Ende des Dritten Reichs auf dem Müllhaufen der Geschichte. Das Werk »Die deutsche Mutter und ihr Kind« wurde, gereinigt von nationalsozialistischem Gedankengut, unter dem Titel »Die Mutter und ihr Kind« neu herausgegeben und blieb bis zum letzten Erscheinungsjahr 1987 ein Standardwerk zu Fragen der Kindeserziehung.

Die beschriebenen Grundsätze waren auch unseren Müttern eingeimpft worden, insbesondere meiner Mutter, die Anfang der dreißiger Jahre als Kindergärtnerin und Jugendleiterin ausgebildet worden ist. Wie gut, dass sie in der mütterlichen Zuwendung an ihre Kinder keine »Affenliebe« gesehen hat.

Ich schreibe über diese Erziehungsregeln, um vor ihrem Hintergrund die Entwicklung von Hans zu beleuchten. In den Anfangsjahren lernte er von seinem Chef und übte den Umgang mit der verfügbaren Technik ein, sah und hörte den erfahrenen Hebammen zu. Währenddessen muss in ihm ein immer stärkeres Unbehagen gewachsen sein.

Als im Jahr 1973 die Belegabteilung des Krankenhauses in eine Hauptfachabteilung umgewandelt wurde, ist Hans Schales Chefarzt geworden, mit größerer Verantwortung und einem angestachelten Engagement. Er musste sich in Gesprächen mit den schwangeren Frauen und beim Besuch der Geburtsvorbereitungskurse besorgten Fragen stellen, von denen ihn, wie er schreibt, viele unvorbereitet trafen. Er erkannte, dass die Angst der Frauen Ausgangspunkt von Fehlsteuerungen während der Geburt ist und versuchte, den Teufelskreis Angst-Spannung-Schmerz zu durchbrechen und den Schmerz nach Möglichkeit auch ohne pharmakologische Mittel zu lindern. Es war das Jahr 1979, als Hans ähnlich wie durch das beschriebene Kinoerlebnis die Augen geöffnet wurden.

»In diesem Jahr gab mir ein Paar, das sich gewissenhaft auf die natürliche Geburt seines Kindes vorbereitete, das Buch von Frédérick Leboyer ›Geburt ohne Gewalt‹ zu lesen. Dieses Buch hat mein Herz geritzt. Mit einem Schlag wurde mir bewusst, warum ich mich bei dem rein schulmedizinischen Ablauf der Geburt, sei es mit oder ohne Schmerzmittel, mit oder ohne Technik, nicht wohl fühlte. Zum ersten Mal habe ich geahnt, was das Wesen der Geburt ausmacht. Zum ersten Mal habe ich etwas gespürt von dem Auftrag, dem sich jeder Geburtshelfer stellen muss!«

Frédérick Leboyer (geb. 1918) ist mit der Veröffentlichung seines Buches »Naissance sans violence« im Jahr 1974 der Vater der sanften Geburtsmedizin, kurz der Leboyer-Methode, geworden. Er forderte, das Neugeborene liebevoll und ohne unnötigen Stress auf die Welt zu bringen, um es nach der Geborgenheit des Mutterleibs langsam an die einschneidend geänderten Verhältnisse des neuen Lebens zu gewöhnen. So soll, nur eine seiner Forderungen, das Kind gleich nach der Geburt der Mutter auf den Bauch gelegt werden, ihre Wärme spüren und ihre Herztöne hören, um sich zu beruhigen.

»Leboyer«, schreibt Hans, »hat unsere Aufmerksamkeit endlich auf die Persönlichkeit des Neugeborenen gerichtet. Er hat seine tiefe Angst und Not erkannt und Wege gezeigt, diese zu lindern.« Leboyer hat die Geburtshelfer weltweit zum Umdenken gebracht und in Hans Schales einen begeisterten Anhänger gefunden. Leboyer, mit dem Hans eine Begegnung hatte, schreibt im Geleitwort zu dem Buch »Begeisterung für das Leben«, Hans sei einer der Ersten gewesen, die seine Idee aufgegriffen hätten. *»You have been one of the first to be touched by what was said in ›Geburt ohne Gewalt‹ and treat the new born as ›somebody‹ and not merely as ›something‹.«** Es würde zu weit führen aufzuzeigen, wie Hans diese Idee im Einzelnen umgesetzt hat und wie er die üblichen Methoden der Geburtsmedizin kritisch an ihr misst. Das Buch zeigt bewegende Bilder von den »sanft geborenen« Kleinen und dem ersten Blickkontakt mit ihrer Mutter.

* »Sie waren einer der Ersten, der sich von dem, was in ›Geburt ohne Gewalt‹ beschrieben wurde, anrühren ließ und das Neugeborene als ›Jemand‹ und nicht bloß als ›Etwas‹ behandelte.«

In der Folge erhielt die geburtshilfliche Abteilung im Krankenhaus St. Josef einen enormen Zulauf. Pro Jahr gab es bis zu tausend Geburten und in dem Zeitraum von 1973 bis 1999 wurde die Gesamtzahl 18.000 überschritten. Die Rate der Geburten mit Kaiserschnitt war nur halb so hoch wie die in anderen Krankenhäusern des Saarlandes. Dass dieser Einsatz auf Kosten der Familie ging, versteht sich von selbst. Das Prinzip, dass die Kinder auf die Welt kommen sollen, wann sie es entscheiden, ob es am Tag oder in der Nacht ist, am Werktag oder Sonntag, verlangt eine ständige Bereitschaft des Arztes. Das illustriert die Kindheitserinnerung von Oliver: »Ich erinnere mich an das Geräusch des sich nachts immer und immer wieder öffnenden Garagentors, wenn Papa zu einer Geburt im St. Josefs-Krankenhaus aufbricht.« In vielen Berufen gilt es, einen Mittelweg zwischen »Aufopferung« und »Dienst nach Vorschrift« zu finden, und wer sich wie Hans für den vollen Einsatz entscheidet, nimmt die Entbehrungen der Familie in

Kauf. Ich will nicht sagen, dass ich selbst den Goldenen Mittelweg eingehalten hätte. Wir werden uns dieses Dilemmas erst bewusst, wenn die Kinder groß geworden sind oder – wie bei Hans – der Lebenspartner nicht mehr lebt.

Hans hat, wie er im Nachwort schreibt, »das Buch aus dem Bauch heraus geschrieben«, man würde besser sagen »aus übervollem Herzen«. Als Erster bearbeitete Ernst Eduard Boesch (1918–2014), Inhaber des Lehrstuhls für Psychologie an der Universität des Saarlandes, das Manuskript. Vor dem Druck durfte vor allem sein Sohn Oliver, Germanist am Johanneum in Homburg, das Manuskript durchlesen, danach auch ich.

Im Nachwort zieht Hans das Fazit des Buches und seines Berufslebens. Der letzte Absatz weist bereits hinüber in einen weiteren Abschnitt seines Lebens, hinüber nach Afrika, wohin ihn die Begeisterung für das Leben nach einem Schicksalsschlag erneut getragen hat.

»Ich durfte das Auf und Ab der Geburtshilfe während der vergangenen dreißig Jahre erleben. Es ist ein begeisterndes Abenteuer, dem frühen Leben so nahe zu sein. (…) Ich wollte mit diesem Büchlein keine medizinischen Rezepte vermitteln, sondern Begeisterung wecken für einen Beruf, der so viel beitragen kann für ein sinnvolles Leben.

Im Frühjahr 2001 werde ich auf einem Containerschiff nach Afrika ausreisen. Mein Traum, als Arzt in einem Missionskrankenhaus in Afrika zu arbeiten, wird sich damit ein zweites Mal erfüllen. Dieses Mal ohne Familie. Meine Kinder und meine Freunde werden mich von zu Hause aus unterstützen. Meine Frau, die mit mir so viele gemeinsame Träume hatte und vor zwei Jahren gestorben ist, wird in Gedanken bei mir sein. Auch wenn ich jetzt unter anderen Bedingungen als 1966 arbeiten werde, meine Einstellung zum Arztberuf hat sich nicht geändert. Ich freue mich, noch helfen zu können. Ich habe meine Begeisterung nicht verloren.«

Schicksalswende

Es ist ein bitteres Schicksal, das Hans Schales nach Afrika zurück gelenkt hat. Man könnte es als »Ironie des Schicksals« sehen – Hans eher als Fügung –, dass seine Frau Ute, die ihn bestärkt hatte, seinem Traum zu folgen und nach Nigeria zu gehen, ihn ein zweites Mal nach Afrika gehen ließ, durch ihren Tod.

Ich erinnere mich, als wäre es gestern gewesen, wie uns Hans in den Morgenstunden des 20. Dezember 1998 mit der Nachricht erschreckte, dass Ute gestorben sei, für uns völlig überraschend und zunächst schwer fassbar, gerade einmal 58 Jahre alt. Hans und Ute, die wir uns nie getrennt vorstellen konnten, jetzt durch den Tod getrennt. Der tiefe Schock von Hans war spürbar und ist es bis heute geblieben. Es ist ein Thema, das wir bei aller Freundschaft immer umgehen. Hans und Ute, die beiden umgibt ein Geheimnis und wir sehen sie immer noch verbunden. Hans hat das Eheversprechen, seiner Frau bis zum Tod beizustehen, über diesen Tag hinaus erfüllt.

Hans und Ute hatte ich zuletzt im Februar dieses Jahres bei seinem 60. Geburtstag gesehen. Und jetzt das! Kurze Zeit nach dem tragischen Ereignis lag ich vier Wochen lang im Krankenhaus und war mit eigenen Sorgen beschäftigt. Danach mehrten sich unsere gegenseitigen Besuche, die uns beiden gut taten, Verabredungen zum gemeinsamen Laufen mit dem Höhepunkt eines Silvesterlaufs über die Anhöhen des Saarbrücker Stadtwaldes. Hans überließ meiner Frau und mir für eine Woche seine Ferienwohnung auf Mallorca, eine Wohnung, in der, wie Hans uns sagte, Ute die glücklichsten Tage verbracht hat, mit dem Blick hinaus aufs gleißende Meer, am liebsten zur Zeit der Mandelblüte, wenn in Deutschland der Faschingstrubel ausgebrochen war.

Es war zu spüren, dass es in Hans »gearbeitet« hat, dass er wieder einmal gerungen hat, diesmal um die Entscheidung, wie er sich eine Zukunft ohne seine Frau vorstellen kann. Weiterarbeiten als Chefarzt in Dudweiler, in der beruflichen Tretmühle mit den ständig anwachsenden bürokratischen Pflichten, die das ärztliche Wirken in den Hintergrund drängen? Nach der Arbeit zurückkehren in das große und leere Haus, das von den groß gewordenen Kindern verlassen ist und in jeder Ecke an die gemeinsamen Jahre mit Ute erinnert? Wieder kam ihm Afrika in den Sinn, wo in einem Missionskrankenhaus Kranke und Leidende auf Hilfe warten. Diese Idee setzte sich fest, der Traum von Afrika war während all der Berufsjahre im Saarland nie ganz eingeschlafen und zwischendurch einmal deutlich spürbar geworden, bei einer Urlaubsreise nach Algerien im Jahr 1994. *»Dort habe ich«*, hat er zehn Jahre später einem Journalisten gesagt, *»wieder afrikanische Luft gespürt und das Fieber hat mich wieder gepackt.«* So ist dann die Entscheidung gefallen. Die Position als Chefarzt aufzugeben, fiel ihm nicht schwer. Schwerer als erwartet war es, die vielen bürokratischen Hürden in Afrika und auch in Deutschland zu nehmen. Ich erinnere mich, dass die Hilfsorganisation Misereor, mit der Hans eine vertragliche Regelung treffen musste, die Angabe von Zeugen verlangte, die bestätigen sollten, dass Hans aus freien Stücken nach Afrika geht, nicht als Flucht aus Deutschland oder wegen psychischer Störungen. Das konnte ich als einer der Zeugen in einem langen Brief bestätigen.

Hans beschreibt diesen Hürdenlauf und wieder gerät Würzburg in den Blickpunkt, das Missionsärztliche Institut, mit dem Hans während all der Jahre Kontakt gehalten hat.

»Wende nach dem Tod von Ute. Ich habe meine Freunde im Missionsärztlichen Institut in Würzburg gefragt, wo ich in Afrika mit jetzt 61 Jahren noch gebraucht werden könnte. Spontan riet man mir, nach Zimbabwe zu

gehen. Ich hatte keine Vorstellungen von Zimbabwe, aber ich wollte auch nicht zurück nach Nigeria. Ich flog im Januar 2000 nach Zimbabwe, um mir einen ersten Eindruck zu verschaffen, und besuchte das Krankenhaus St. Luke's zwischen Bulawayo und den Victoria-Fällen. Alles passte. Ich brauchte einen Ausreisevertrag, um den ich mich bei der AGEH/Misereor in Köln bemühte. Die Vorbereitungszeit gestaltete sich als ein Schulbankdrücken mit Rollenspielen, wie sie für Zwanzig- bis Dreißigjährige sinnvoll sein mögen. Weil nach Erhalt des Ausreisevertrags die Arbeitsgenehmigung aus Zimbabwe noch nicht vorlag, arbeitete ich noch sechs Wochen in einem Missionskrankenhaus in Uganda, um meine fehlenden oder verlorengegangenen Kenntnisse aufzufrischen. Im April kam die Arbeitserlaubnis aus Zimbabwe, und am 4. Mai 2001 startete ich mit meinem Peugeot Richtung Bremerhaven.«

Knapper und nüchterner lässt sich nicht beschreiben, was in den zweieinhalb Jahren nach dem Tod von Ute abgelaufen ist, neben dem besagten Hürdenlauf und den Probe-Besuchen in Zimbabwe (Anfang 2000) und Uganda (Anfang 2001), Letzteres ein zweimonatiges »Trainingslager«, wie Hans es nennt. Es musste nicht nur die Zukunft eingeläutet, sondern auch die Vergangenheit abgewickelt werden, die Chefarztposition aufgegeben und viel Finanzielles geregelt werden, der Hausstand aufgelöst und der Besitz zu den Kindern verlagert werden, was den Verkauf des Hauses zu einem späteren Zeitpunkt vorbereitet hat, sein Buch als das »ärztliche Testament« geschrieben und gedruckt werden. Es lässt sich leicht ausmalen, was Hans alles in seinem kurzen Bericht schweigend übergeht. Neun Monate musste Hans allein auf die Aufenthaltserlaubnis und Arbeitsgenehmigung aus Zimbabwe warten. Die Zeit konnte Hans dazu nutzen, sich in Köln auf die Landeskunde und Landessprache vorzubereiten. Er hat sich der Zukunft, dem neuen Leben verschrieben, und deshalb wollen wir ihm ohne Zögern dorthin folgen, nach einem weiteren Bekenntnis, das er mir geschrieben hat:

Lockendes Afrika dank seiner Natur: Baobab oder Affenbrotbaum,
der Charakterbaum des südlichen Afrika.

»Utes Krankheit und Tod haben mich zutiefst getroffen. Meine Entscheidung, ein zweites Mal in Afrika zu arbeiten, war kein Kurzschluss und keine unüberlegte Reaktion. Rückblickend bin ich Gott dankbar, dass er mir diesen Weg gezeigt hat. Die Abenteuerlust hat keine Rolle gespielt, auslösend war wieder die Begegnung mit Ereignissen und Personen. Mit der dreißigjährigen Erfahrung eines Facharztes und der Unterstützung durch einen großen Freundeskreis konnte ich mich sicherer fühlen als beim Weg nach Nigeria im Jahr 1966.«

Hans hat seine Entscheidung für Afrika Jahre später dem Journalisten Marcus Kalmes erklärt (SZ vom 11. April 2004), der das Gespräch so wiedergibt:

»Ich sah nach dem Tod meiner Frau keinen Sinn, allein weiterzumachen. Mir stellte sich die Frage, bis zur Pension bei meiner Arbeit zu bleiben oder die Chance zu ergreifen.« Ein weiterer Grund für den Abschied: Der Verwaltungsaufwand widersprach seiner Vorstellung von medizinischer Arbeit. Er will mit Patienten statt mit Akten arbeiten: »Hier in St. Luke's bin ich das, warum ich Arzt werden wollte. Es geht nicht um geschicktes Abrechnen und Ziffern, sondern um Patienten.« Die liegen ihm am Herzen: »Dem afrikanischen Volk wurde Unrecht getan. Ich sehe meine Arbeit als eine Art Wiedergutmachung. Ich konnte nie verstehen, warum Schwarze Menschen zweiter Klasse sein sollen.«

Lockendes Afrika dank seiner Menschen:
Mädchen im heimatlichen Kral.

TEIL II

Leben für Afrika

Der »Buschdoktor« im Blickfeld der alten Heimat

Man frage einen Saarländer, was er mit dem Namen »Hans Schales« anzufangen weiß. In den meisten Fällen wird er ohne Zögern antworten: *»Ei, das is' doch der Doggder in Afrika!«* So ist es. Einem Freund habe ich erklärt, Hans Schales sei hierzulande bekannt wie der sprichwörtliche bunte Hund.

Dabei gilt es zu unterscheiden: Es gibt einen Kreis von Saarländern, vor allem Saarländerinnen, der ihn als Arzt des Krankenhauses St. Josef in Dudweiler kennengelernt hat. Das ist der harte Kern des Bekanntenkreises. Ich staune immer wieder, wie oft das bloße Nennen seines Namens Türöffner zu einer kleinen Geschichte ist. Daneben gibt es den großen Kreis derer, die über Zeitung, Fernsehen oder den rührigen Förderverein von seiner Arbeit in Zimbabwe erfahren hat. Ja, was steckt hinter diesem erstaunlichen Geschehen? Wer den Lebenslauf von Hans Schales verfolgt hat, seine menschliche und berufliche Reifung, wird einen Großteil der Antwort wissen, diesen mutigen Schritt vom gut dotierten Job in Deutschland zu einer entbehrungsreichen, schlecht dotierten Arbeit im südlichen Afrika sogar als folgerichtig ansehen. Wenn ein Mensch, der immer Gutes tun wollte und davon eher zu viel als zu wenig getan hat, in einem Alter, in dem das Leben vieler verflacht, eine Aufgabe erfüllen kann, die ihm auf den Leib geschrieben ist, und immens viel Gutes bewirken kann, dann ist das für ihn doch ein Glück, ein krönender Abschluss seines Lebenswegs.

Es kommt ein Weiteres dazu, was die Medien bisweilen übergehen: Die erfolgreiche Arbeit an dem Buschkrankenhaus St. Luke's wäre nicht denkbar gewesen, wenn Hans Schales nicht aus der Heimat unterstützt worden wäre. Ohne die aufopfernde Arbeit seiner beiden Kinder, Oliver und Anne, wäre er einer von vielen selbstlosen Ärzten geblieben, die in der Dritten Welt tätig sind, ohne in die Schlagzeilen zu geraten.

Es mag anmaßend erscheinen, wenn gerade ich vom Leben des Hans Schales in Afrika und für Afrika berichte, denn ich bin nicht dabei gewesen. Ich kann auch von diesem Lebensabschnitt nur als Freund erzählen, der über die weite Entfernung hinweg in ständigem Kontakt und Gedankenaustausch geblieben ist und ihn auch einmal in Zimbabwe besuchte. Wie schon während der Jahre in Nigeria, jetzt noch verstärkt, habe ich ihm regelmäßig geschrieben, was sich in der alten Heimat tut, und ihn mit Lesestoff und Musik beliefert. Er hat mich in seinen Antworten spüren lassen, dass dies sein Leben in der Ferne erleichtere. Wo ihm ein Reisen verwehrt war, wie es hierzulande üblich ist, hat er sich in meine Berichte über unsere Reisen vertieft. So haben ihn einmal unsere Reiseerlebnisse in Frankreich zu dem Satz bewegt: »Ich bin jetzt bei Eurer Heimfahrt an der Loire angelangt, habe noch das Salz des Atlantik in den Haaren und den Geschmack der frischen Croissants auf der Zunge«. Bei diesem Austausch war es ein Segen, dass wir nicht auf die »Schneckenpost« früherer Zeiten angewiesen waren, sondern die moderne Technik der E-Mail nutzen konnten – jedenfalls dann, wenn dieser Austausch bei ihm nicht durch den ständigen Stromausfall oder andere technische Probleme unterbunden war. Postsendungen benötigten viele Wochen. Eine Sendung kam im Herbst 2004 erst nach einer langen Irrfahrt an:

»Gestern bekam ich überraschend Post aus Lusaka in Sambia! Der Inhalt kam etwas verknautscht und mit Wüstensand bestäubt mit einem um Monate zurückliegenden Stempeldatum von Lusaka nach Byo und St. Luke's. Ob der Flieger in der Sahara notgelandet war? Es geht aber fast nichts verloren und die Nachrichten vom Wintersport waren schon fast wieder modern und ihrer Zeit voraus.« –

Viel schwerer war es noch, ein Päckchen oder Paket nach Zimbabwe zu schicken, davon könnte Anne Schales viel erzählen.

Im Gegenzug zu meinen Nachrichten und Sendungen kamen die Nachrichten aus St. Luke's, die ich aufbewahrt und abgeschrieben habe – eine Fundgrube jetzt, wenn ich über die »afrikanischen Jahre« schreibe. Ein großer Teil der vielen hundert Mails ist nur ganz kurz und natürlich wiederholt sich, was Hans über Hitze und Kälte, Trockenheit und Regen, Erfolge und Misserfolge im Krankenhaus schreibt. Aus diesen Meldungen lässt sich aber ein Mosaik zusammensetzen, ein buntes Bild seines Lebens, so dass ich ihn über weite Strecken selbst erzählen lassen kann. Zusammen mit dem, was die Journalisten nach einer Afrikareise veröffentlicht haben, was die Zeitschrift »Salibonani« des Fördervereins abgedruckt hat und was ich selbst vor Ort gesehen und erlebt habe, genügen die Quellen, um die Jahre des weißen Doktors am Krankenhaus St. Luke's zuverlässig darstellen zu können. Wo Worte fehlen, um die prächtige afrikanische Landschaft oder den besonderen Charme der Menschen im Land zu beschreiben, vor allem der Kinder, mögen die Bilder helfen, bunt wie das Leben in Afrika selbst.

Übersiedlung von St. Josef nach St. Luke's

Abschied in Dudweiler. Mit einem Fest im Bürgerhaus Dudweiler verabschiedete sich Hans Schales von Freunden und Bekannten. Darüber berichtete die »Saarbrücker Zeitung« am 25./26. November 2000:

»Lebenshilfe. Dass man seinen beruflichen Traum noch in der dritten Lebensphase verwirklichen kann, beweist der weit über das Saarland hinaus be-

kannte Geburtshelfer Hans Schales aus Dudweiler. Mit 62 Jahren erfüllt er sich jetzt seinen ›Lebenstraum‹ mit einer neuen Aufgabe. Der ärztliche Direktor und Chefarzt der Gynäkologie und Geburtshilfe im Krankenhaus St. Josef in Dudweiler kündigte seinen langjährigen Arbeitsplatz, um künftig als Missionsarzt für das weltweit bekannte humanitäre Projekt ›Misereor – Arbeitsgemeinschaft Entwicklungshelfer‹ im afrikanischen Simbabwe, ehemals Rhodesien, seine ›Hilfe zur Selbsthilfe‹ anzubieten. ... ›Mein Herz schlägt schon seit Kindeszeiten für Afrika. Eigentlich habe ich Medizin studiert, um in Afrika arbeiten zu können‹, bekennt Hans Schales. ›Jetzt erfüllt sich mein Traum bereits zum zweiten Mal.‹ Denn bereits von 1966 bis 1968 arbeitete der Frauenarzt im afrikanischen Nigeria. Aus familiären Gründen kehrte er nach Dudweiler zurück. Vor zwei Jahren starb seine Ehefrau nach einem Unfall. Seine erwachsenen Kinder Oliver und Anne unterstützen das Hilfsprojekt und die neue Herausforderung ihres Vaters, erzählt der Arzt. ›Und meine beiden Enkelchen David und Julica sind stolz darauf, dass sie einen Opa haben, der bei den Löwen und Giraffen arbeitet.‹ Derzeit bereitet sich der zukünftige Missionsarzt intensiv auf seinen medizinischen Einsatz in Afrika vor und lernt dabei auch die Landessprache Ndebele. ›Ich freue mich darauf, als Missionsarzt zu arbeiten. Das ist eine große Herausforderung für mich. In diesem recht großen Missionskrankenhaus mit 250 Betten will ich nun meine langjährige medizinische Erfahrung einbringen‹, sagt Schales. ›Arbeit gibt's dort wahrlich genug.‹«

Es wurde aber Mai 2001, bis Hans in einen voll bepackten Peugeot »Expert« steigen konnte, der mit ihm zusammen per Schiff nach Südafrika reiste. Gegen Ende des Monats erreichte mich aus Pretoria in Südafrika eine erste Meldung: *»Bisher ist alles schöner und interessanter, als ich es mir vorgestellt habe. Fünfzehn Tage Meer, jeden Tag saß ich im Bug, beobachtete Delphine und fliegende Fische, las und meditierte. Sonnenauf- und -untergänge, Sternenhimmel, Überqueren des Äquators bei dreißig Grad...«.*

Hans nutzte die Zeit, um alles aufzuschreiben, was er bei der langen Reise erlebte und was ihm widerfuhr. Seine Tochter Anne überließ mir den Bericht. Ich kann seine Fahrt quer durch Deutschland nach Bremerhaven verfolgen, wo das Auto in einen Container geschoben und darin verankert wurde. 3.500 DM kostete ihn die Überfahrt samt Fracht von Bremerhaven nach Kapstadt auf der S.A. Sederberg, einem Schiff von 285 Metern Länge und 32 Metern Breite, mit 14 Containerstockwerken, fünf davon über Deck und neun darunter. Oliver und Anne reisten während der Nacht an, um ihren Vater an Bord zu verabschieden. Als menschliche Fracht hatte die »Sederberg« neben Kapitän, 55 Mann Besatzung und neben Hans sechs weitere Passagiere, die er alle liebevoll beschrieb. Nach einer Zwischenlandung in Algeciras erreichte das Schiff am 19. Mai Kapstadt. Dort wurde er von Herrn und Frau Muche erwartet, später einmal wichtige Helfer, die ihn aufnehmen und ihm die Stadt zeigen werden, bevor der Wagen ausgelöst war und die weite Reise durch Südafrika in Richtung Zimbabwe beginnen konnte.

In vier Etappen fuhr Hans 1900 Kilometer bis zur Grenze nach Zimbabwe, über Gebirgszüge und durch ausgetrocknete Senken, nach Beaufort West, Bloemfontein, Pretoria und nach Louis Trichardt, jeweils gut aufgenommen in einem Gästehaus oder einem Kloster, und gelangte schließlich zur Grenze.

»Am Parkplatz der Schwertransporter vorbei erreiche ich das Pass- und Zollgebäude. Hier geht es schnell und ohne Probleme, ins Carnet de Passage wird eingetragen, dass ich das Auto aus Südafrika wieder ausgeführt habe, der Reisepass wird gestempelt und ab geht es zum Schlagbaum. Ein Tbc- und/oder an Aids erkrankter Beamter, der das Krankenhauslogo am Auto gesehen hat, öffnet mir nach kurzer Unterhaltung über seine Hustenbeschwerden die Grenze. Hinter der Brücke über den Limpopo erreiche ich in Beitbridge die

gefürchtete Grenze nach Zimbabwe. Kaum bin ich ausgestiegen, steht auch schon ein etwa 20jähriger Bursche vor mir und bietet mir seine Hilfe beim Ausfüllen der Grenzformalitäten an, Bettler stehen um mich herum. Nach vergeblichem Warten auf Hlatwayo, den Verwalter von St. Luke's, beginne ich mit Hilfe des aufdringlichen Burschen das Ausfüllen der Formulare, stelle mich an drei verschiedenen Schaltern an, zahle Brückenzoll und die Übergangsversicherung, erfahre, dass ich mich innerhalb von zehn Tagen beim Zollamt und bei dem Immigrationsoffice in Bulawayo zu melden habe, gebe meinem Helfer ein reichliches Trinkgeld und eine Apfelsine und fahre mit meinem Passierzettel auf den Schlagbaum zu. Der Schlagbaum hebt sich, ohne Kontrolle meines Gepäcks oder der Packlisten fahre ich in Zimbabwe ein und erreiche am Nachmittag um 16 Uhr das Krankenhaus St. Luke's.«

So ausführlich wie diese Anreise hat Hans später nur noch die Besteigung des Kilimandscharo (2004) und seinen ersten richtigen Urlaub in Zimbabwe (2006) beschrieben.

Die afrikanische Neu-Heimat

So erreichte Hans Schales den Ort, der für lange Zeit seine Heimat werden wird, begrüßt vom Verwalter des Krankenhauses Gordon Hlatwayo und der Gründerin Dr. Davis-Ziegler. Er sieht St. Luke's tatsächlich als seine Heimat. Wenn er von Besuchen im Saarland zurückgekehrt ist, die unsereins doch »Heimaturlaube« nennen möchte, schreibt er, dass er nun wieder zu Hause ist. Erste Eindrücke nach der Ankunft erhielt Hans bei dem kurz danach folgenden Pfingstfest.

»Ich komme von der Sonntagsmesse, es ist fast 12 Uhr. Die Messe hat zwei Stunden gedauert, davon 40 Minuten für die Taufe von fünf Kindern zwischen acht und zwölf Jahren, eine Viertelstunde Predigt und viel Gesang,

Tanz, Händeklatschen, alles in Ndebele, nur meine Begrüßung am Schluss der Messe war in Englisch und in Ndebele. Mir fiel erst jetzt auf, dass ich der einzige Weiße bin.

Der Tag hat gut begonnen: Spontane Zwillingsgeburt einer 18jährigen mit schwerer ›Schwangerschaftsvergiftung‹, das erste Kind in Steißlage. – Als ich aus der Kirche zurückkam, stellte ich fest, dass wir keinen Strom haben. Ansonsten lebe ich wie die Made im Speck, in etwas durchwachsenem Speck, da ich außer Bett, Tisch und Stühlen noch nicht möbliert bin, aber das wird sich mit jedem Tag bessern. Alle sind sehr freundlich und hilfsbereit. Die vergangene Woche war ausgelastet mit der Beschaffung meiner Papiere: Immigration, Registrierung, Insurance, zweimal war ich mit Gordon Hlatwayo in Bulawayo und einmal in Harare, insgesamt sind wir 1800 km mit meinem Auto gefahren. Das war ein gutes Training für mich, um mich an die Straßenverhältnisse und den Linksverkehr zu gewöhnen. Seit ich am 27. Mai hier angekommen bin, ist das Wetter für mich sehr angenehm gewesen, sommerlich warm, bei strahlend blauem Himmel, Temperaturen um 25 Grad, nachts kühlt es auf zehn bis zwölf Grad ab und ich kann gut schlafen. Für die Einheimischen ist das zu kalt und sie laufen bei zehn Grad mit dicken Pullovern und Pudelmützen herum.«

Hans startete aus dem deutschen Frühling in den afrikanischen Herbst, denn er ist auf die südliche Halbkugel der Erde gewechselt. Er bezog das Haus seiner »Vorgängerin« Dr. Davis-Ziegler.

»Das große Haus, in dem Dr. Davis-Ziegler dreißig Jahre lebte, ist bis auf Tisch und Bett ausgeräumt und kann jetzt nach meinem Geschmack ausgestattet werden. Das Haus liegt nahe zur Straße, so dass ich zwar den Verkehrslärm, aber auch das interessante Straßenleben mitbekomme, die Schulkinder, die singend und springend vorbeiziehen, die knarrenden vierspännigen Eselskarren, die Marktfrauen mit ihren Lasten auf dem Kopf.«

In der folgenden Woche erlebte er voll Staunen die Umgebung von St. Luke's, als er den Missionar Pater Mbeki auf einer Fahrt in den Busch begleitete.

»Um 9:30 Uhr geht es mit dem Landcruiser zunächst ein Stück über die alte Vic-Falls-Road, die von Bulawayo bis zu den Victoria-Fällen führt, schmal aber geteert, Richtung Nordwest, dann nach Osten auf einer grob geschotterten Staubstraße, durch fast flachen Trockenwald. Beiderseits der Straße stehen vereinzelt niedrige Häuser oder Lehmhütten. Die Eselskarren, Scotch carts genannt, müssen uns ausweichen. Ziegen und Hühner rennen aufgeregt zur Seite. Ich sitze neben Mbeki im Führerhaus, die Mitreisenden aus der Pfarrei, anfangs acht an der Zahl, sitzen auf der Ladefläche und singen.«

Jetzt ist Hans richtig im Kontinent seiner Träume angekommen, diesmal in Schwarzafrika. Ist er deshalb uneingeschränkt zufrieden und glücklich? Sein Reisebericht klingt so unbeschwert, dass man versucht ist zu sagen, alles sei nun – salopp ausgedrückt – im »Grünen Bereich«. Ganz so war es aber sicher nicht. Einerseits wird er erleichtert gewesen sein, die quälend lange Zeit zwischen dem Tod seiner Frau, der Entscheidung für Afrika und der Ankunft in St. Luke's hinter sich zu haben, denn es war eine Zeit des Kampfes mit der Bürokratie und eine Zeit, in der er seinen Kindern vieles aufbürden musste. Auf der anderen Seite war ihm bewusst, dass die Reise aus dem sicheren Hafen der alten Heimat in ein Meer der Ungewissheiten geht, in dem ihm nur einige Planken Halt und Sicherheit geben: das Krankenhaus, das er schon kennt, die medizinischen Kenntnisse und Erfahrungen und einige wenige Personen, an die er sich vor Ort halten kann, außerdem und nicht zuletzt die Verbindung mit seiner Familie und seinen Freunden über eine Entfernung von nahezu zehntausend Kilometern, die die Technik unserer Tage ermöglicht und erleichtert.

Hans war begeistert, als erste Mails uns und unsere Mails ihn erreichten. Da schwang, wenn das Wort auch nie ausgesprochen wird, aber auch etwas wie Heimweh durch. *»Wenn jetzt noch der Kontakt mit ‚zu Hause' erhalten bleibt«*, schrieb er ganz zu Beginn, *»bin ich glücklich.«* Der Hunger nach diesem Austausch von Nachrichten lässt ihn die Probleme ertragen, die ihn unablässig nerven: dass er einen Anhang nicht öffnen kann, dass er sich als »Zwei-Finger-Such-Schreiber« einüben muss, dass wieder und wieder der Strom ausfällt oder die Telefonleitung unterbrochen ist. *»Manchmal denke ich, ich sollte lieber Briefe mit Briefmarken verschicken und den Laptop abmelden; dann packt mich aber doch wieder die Neugier.«*

Jeder andere würde immer einmal wieder aufseufzen: *»Mein Gott, worauf habe ich mich eingelassen!«* Hans nimmt die Dinge, wie sie kommen – und wie er eben ist, offen für alles Neue, anspruchslos und bescheiden in eigenen Belangen, vor allem auch geduldig und ausdauernd, wo er mit dem gebremsten Rhythmus des afrikanischen Lebens zurechtkommen muss. »There is no hurry in Africa!« Er hat, wie man so sagt, »ein gutes Gemüt«. Es kostet aber Kraft, immer wieder Ärger und Enttäuschungen herunterschlucken zu müssen, erleben zu müssen, dass die eigene Begeisterung die anderen nicht ansteckt und mitreißt, dass in dem Land Zimbabwe, das reich sein könnte, katastrophale Verhältnisse herrschen. Dass Hans nicht blind ist für die schlimmen Dinge, lässt er in einer der ersten Nachrichten erkennen.

»Ich habe bisher bewusst nur die positiven Dinge berichtet, wohl weil ich die negativen Seiten erst selbst noch verarbeiten muss. Die Gewalttätigkeiten unter der Bevölkerung, die Vergewaltigung junger Mädchen, die Hoffnungslosigkeit und Trauer der Aids-Kranken im Endstadium; gestern ein schrecklicher Autounfall einer achtköpfigen holländischen Reisegruppe, 30 km von unserem Krankenhaus entfernt: Ihr Landcruiser hatte sich überschlagen, drei

wurden tot zu uns gebracht, zwei Schwerverletzte und drei Leichtverletzte haben wir nach Erstversorgung nach Bulawayo (140 km) weitergeleitet. Und trotz allem – es geht mir gut, ich fühle mich hier am richtigen Platz.«

Kleine Landeskunde von Zimbabwe

Vieles von dem, was Hans aus Zimbabwe berichtet, wird bei einiger Kenntnis des Landes verständlicher, das mal als »Simbabwe« – so im Deutschen – und mal als »Zimbabwe« geschrieben wird – so richtig dort und im Englischen, und übersetzt »Steinhäuser« bedeutet. Zimbabwe ist einer der gut fünfzig Staaten Afrikas, die heute alle unabhängig sind, und liegt als Binnenstaat ohne Zugang zum Meer im südlichen Afrika, umgeben von den Ländern Südafrika, Botswana, Sambia und Mosambik. Der größte Teil des Landes, das mit 390.000 Quadratkilometern um ein Zehntel größer ist als Deutschland, nimmt ein Binnenhochland mit einer durchschnittlichen Höhe von 1.200 Metern ein.

Das hat seine Vorteile beim Klima des Landes. Es ist zwar subtropisch, im Sommer, wenn in Deutschland Winter ist, bleibt die Hitze mit 25 bis 30 Grad gemäßigt, und im Winter, unserer Sommerzeit, gibt es sogar Nachtfröste. Für einen Europäer ist das Leben in Zimbabwe deshalb erträglicher als im tropischen Afrika. Die Regenzeit dauert von November bis März, außerhalb dieser Zeit fällt nur wenig Regen. Das Land hat deshalb zwei Gesichter: In der Trockenzeit dominiert die goldbraune Farbe des vertrockneten Grases der Savanne, am Ende der Regenzeit ist das Land dagegen grün und das Gras ist mannshoch gewachsen. In der Trockensavanne stehen neben den Dornsträuchern nur vereinzelt Bäume, vor allem Schirmakazien und vereinzelt der Affenbrotbaum oder Baobab, daneben gibt es lichte Trockenwälder. Das

Reizvollste für unsere Augen übergehen die Nachschlagewerke: Das ist der Boden aus goldfarbenem bis rötlichem Kalaharisand, eine Grundfarbe, von der die Vegetation und die farbenfrohe Kleidung der Menschen wunderbar absticht.

Die Zahl der Einwohner kann nur geschätzt werden, weil bis zu drei Millionen Zimbabwer illegal nach Südafrika ausgewandert sind. Sie liegt bei zehn bis elf Millionen, die Bevölkerungsdichte ist also wesentlich geringer als in Deutschland. Die Hauptstadt Harare im nördlichen Mashonaland hat 1,5 Mio. Einwohner, Bulawayo im südlichen Matabeleland angeblich 0,7 Mio., zusammen mit den vielen Menschen, die in den Townships, den Armenvierteln, leben, wird aber die Million sicher überschritten. Die Bevölkerung gehört zu den Bantus, wobei die Shona im Norden drei Viertel der Einwohner stellen, die Ndebele im Süden dagegen nur 13 Prozent. Amtssprache ist neben Englisch auch Shona und Ndebele.

In dem Land gibt es fast keine Muslime. Die große Mehrheit der Bevölkerung sind Christen und verteilt sich auf die Anglikanische, die Römisch-Katholische, die Methodistische Kirche und viele Sekten. Unter der Decke des Christentums leben Reste der früheren Vorstellungen, Ahnenkult und Geisterglaube, fort.

Die Landessprache in St. Luke's, Ndebele, hätte Hans gern gelernt, dazu aber nie die Zeit gefunden. Eine so fremdartige Sprache, so melodisch sie klingt, lässt sich außerdem nur mit einem jüngeren Kopf behalten. So konnte Hans die Kranken nur mit einem »Salibonani!« begrüßen, einem deutschen »Willkommen!« oder »Grüß Gott!« vergleichbar, musste aber sonst einen Dolmetscher zuziehen. Hans ist seines Namens wegen »Doctor Charles« genannt worden, von den Kindern auch »Kulu«. »Kulu« ist der Großvater, »Ngogo« die Großmutter.

Hier noch ein paar weitere Beispiele dieser zauberhaft klingenden Sprache: »Siyabonga« heißt »Dankeschön«, »Lisalekuhle« heißt »Bis bald!«. »Pole pole« hat die Bedeutung von »Immer mit der Ruhe!«. Als mein Bruder gestorben war, tröstete mich Anne Schales mit einem Wort in Ndebele, »Izulu Lilikaya«, zu deutsch »Der Himmel ist unsere Heimat«.

Zurück zu Land und Geschichte: Der Stolz des Landes ist ein Reich, das die Bantu als Vorfahren der Shona zur Zeit des europäischen Mittelalters im Gebiet des heutigen Zimbabwe errichtet hatten und dessen Ruinen »Great Zimbabwe« Nationalstolz und Namensgeber des Landes sind. Hans stieg in den ersten Jahren seiner Afrika-Zeit im östlichen Teil des Landes den Berg zu den riesigen Steinwällen hinauf. Zur Folgezeit gibt es nichts Ähnliches zu berichten. Nach der Eroberung des Landes durch Cecil Rhodes wurde es zusammen mit nördlicheren Gebieten zu einer Britischen Kronkolonie. Das brachte Segen und Unsegen zugleich ins Land. Von der guten Infrastruktur zehrt Zimbabwe noch heute. Das fruchtbare Land wurde aber den weißen Farmern zugeteilt, die erfolgreich wirtschafteten und vielen schwarzen Arbeitskräften Beschäftigung gaben. Damit hatte es seit der Unabhängigkeit des Landes sein Ende.

Die einseitige Unabhängigkeitserklärung durch eine weiße Minderheitsregierung unter Ian Smith im Jahr 1965 war völkerrechtswidrig und ist deshalb nicht anerkannt worden. Die endgültige Unabhängigkeit brachte erst ein langer Guerillakrieg im Jahr 1980, den die Shona unter Robert Mugabe und die Ndebele unter Joshua Nkomo führten. Die erhoffte friedliche Entwicklung nach der Kolonialzeit blieb aus, im Gegenteil: Unter Robert Gabriel Mugabe (geb. 1924), der praktisch seit damals das Land diktatorisch beherrscht, hat Zimbabwe einen dramatischen Niedergang erlebt.

Das Buschkrankenhaus St. Luke's: Zentrum und Ausgangspunkt seines Wirkens

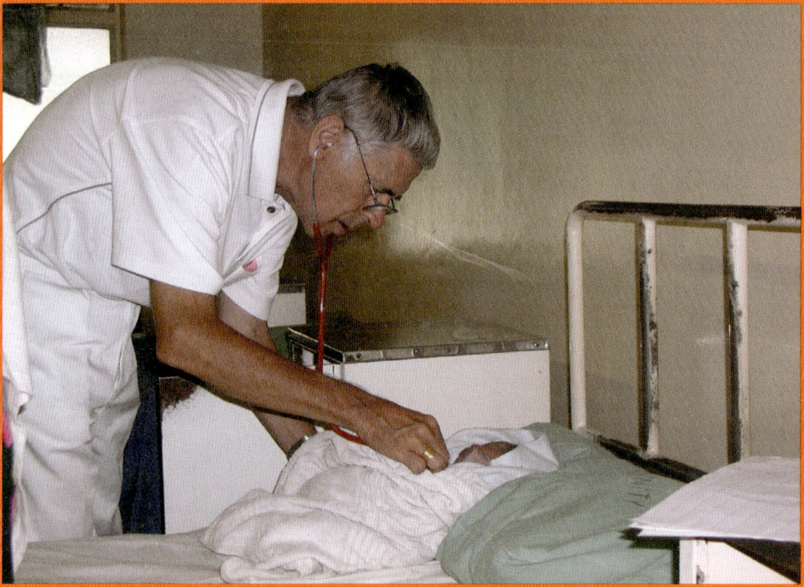

Oben: »Das bist du, so siehst du aus.«

Unten: Stets besorgt um neue Menschenkinder.

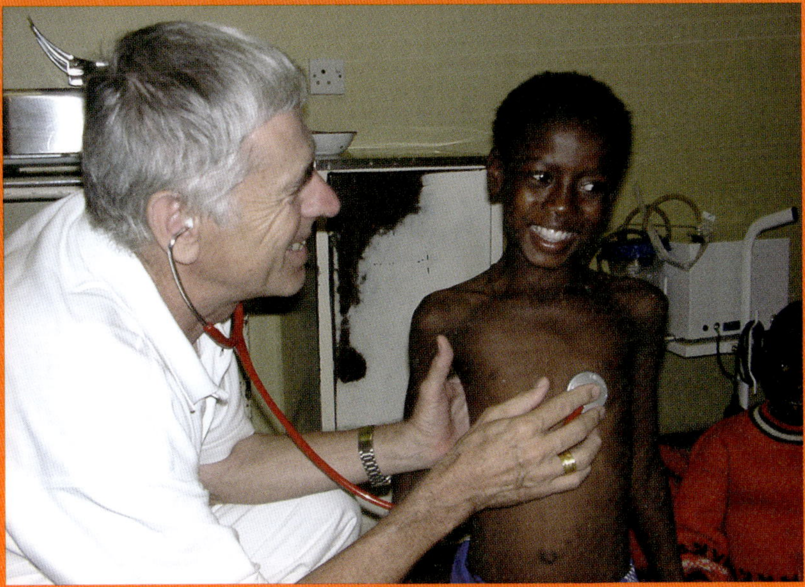

Keine Scheu vor diesem »Khiva« – einem weißen Mann

Die weißen Farmer wurden fast ausnahmslos enteignet, anstelle der bisheriger Agrarausfuhren kam es zur Hungersnot. Sämtliche Regeln der Verfassung wurden missachtet. Die Spannungen zwischen den Shona und Ndebele führten nach Erreichen der Unabhängigkeit zu Auseinandersetzungen, bei denen schätzungsweise 20.000 Ndebele getötet wurden. Wahlfälschungen und Unterdrückung haben das Aufkommen einer Opposition verhindert. Der wirtschaftliche Niedergang hat zu einer massenhaften Auswanderung geführt. Drei Millionen Zimbabwer leben heute in Südafrika und die Aids-Seuche hat mit bis zu 100.000 Aidstoten im Jahr die Lebenserwartung auf weniger als 40 Jahre sinken lassen. Die Inflation, im Jahr der Ankunft von Hans »nur« 72 Prozent, ist im Jahr 2007 auf 6.700 Prozent gestiegen und hat 2008 einen »Spitzenwert« von mehr als 100.000 Prozent erreicht, bevor der galoppierenden Inflation schließlich durch die Anlehnung an den US-Dollar ein Ende bereitet worden ist. Das traurige Bild wird durch eine Arbeitslosenquote von 80 Prozent abgerundet.

Es sah schon schlimm aus, als Hans seinen Dienst in St. Luke's antrat und hat sich von Jahr zu Jahr weiter verschlimmert. Diesen Hintergrund gilt es bei der Schilderung der Hilfsaktionen vor Augen zu halten, er lässt Hans' Enttäuschung verstehen und sein Durchhaltevermögen bewundern. Der Einsatz vor Ort und die Hilfe aus der Heimat konnten deshalb keinen nachhaltigen Fortschritt bringen, sondern nur die gröbste Not lindern helfen und Menschenleben retten. Wen wundert es, dass sich das sonst freundliche Gesicht von Hans verfinstert, wenn die Rede von »Robert Mugabe« ist, dem Potentaten, der katholisch-kirchlich erzogen worden ist, ein Studium absolviert hat, dem aber alle Not des Volkes gleichgültig ist und der das Land zum eigenen Nutzen und dem der Hofschranzen aussaugt? Das Land könnte reich sein, weil die landschaftlichen Schönheiten Touristen anziehen könnten, weil es fruchtbare Böden und wertvolle Bodenschätze besitzt. Noch lebt Mugabe dank ärztlicher Kunst, konnte nicht abgewählt werden, und Hans mag trotz christlichen Denkens den Tag feiern, an dem er diesen Menschen überlebt.*

* Quelle u.a. Brockhaus Enzyklopädie, 21. Auflage, und Wikipedia

Das Krankenhaus St. Luke's

Dieses so porträtierte Land ist die zweite Heimat von Hans Schales, genauer: das Krankenhaus St. Luke's. Es ist kein Krankenhaus, wie wir es kennen, etwa wie St. Josef in Dudweiler, wo er herkommt, mit einer großen Mannschaft an Ärzten, Schwestern und weiteren Helfern, ausgestattet mit modernster Medizintechnik. St. Luke's ist ein »Buschkrankenhaus«, es liegt irgendwo an der großen Straße zwischen der Großstadt Bulawayo und den Victoria-Fällen, einer Straße von mehr als fünfhundert Kilometern Länge, näher an Bulawayo oder kurz »Byo« als an den »Vic Falls«. Es ist die Region Matabeleland Nord, die ärmste, unfruchtbarste und am dünnsten besiedelte Region des Landes, mit einer Fläche von 75.000 Quadratkilometern, dreißig Mal die Fläche des Saarlands, und mit 700.000 Einwohnern, ganzen neun auf einen Quadratkilometer, wo es im Saarland rund 400 sind. Die Distrikthauptstadt, besser als Distrikthauptort zu bezeichnen, heißt Lupane und liegt dreißig Kilometer von St. Luke's entfernt.
Da fragt man sich, wo die Kranken herkommen, die in diesem Krankenhaus Hilfe suchen. Da die Menschen weit verstreut übers Land leben, nur über Pisten und Buschwege erreichbar, wo sie in Krals leben und eine einfache Subsistenzwirtschaft betreiben, müssen sie sich über Strecken bis zu hundert Kilometern nach St. Luke's schaffen oder bringen lassen, zu Fuß, mit dem Fahrrad oder auf einem Eselskarren. So

hat das Krankenhaus einen riesigen Einzugsbereich, in dem etwa 150.000 Menschen leben.

Das Krankenhaus St. Luke's ist vor fünfundsechzig Jahren von zwei Pionieren mitten in das Buschland gesetzt worden. Einer von ihnen war Pater Odilo, mit dem Hans in den ersten Jahren Kontakt hatte, bevor er im Jahr 2006 im Alter von 93 Jahren gestorben ist. Die andere Gründerin war die Ärztin Dr. Hanna Davis-Ziegler aus dem saarländischen Ort Humes, die Pater Odilo an Jahren überholt hat und im Frühjahr 2015 im Alter von 96 Jahren in Bulawajo gestorben ist, hoch geehrt vor und nach ihrem Tod. Ich habe sie bei meiner Reise zu Hans im Jahr 2008 als etwas schrullige alte Dame kennengelernt, kein Wunder bei diesem hohen Alter.

Der Startschuss zum Bau eines Krankenhauses war eine Schenkung: Eine weiße Farmerfamilie, Kenneth und Maureen Norvall, hat Pater Odilo achtzig Hektar ihres Farmlandes geschenkt, um den Bau eines Krankenhauses zu ermöglichen. Ihnen zu Ehren ist der Bezirk nach ihrem Tod »Kenmaur« genannt worden. Im Frühjahr 1950 begannen die Bauarbeiten. Das Krankenhaus, wie es heute steht, ist mit dem Geldfluss von Misereor und anderer Quellen, über die Jahre gewachsen. Dr. Davis-Ziegler hat das Krankenhaus geleitet, war aber nie der einzige Arzt im Haus. Eine Weile arbeitete eine weitere Ärztin aus dem Saarland, Dr. Kiefer, in St. Luke's. Vor der Ankunft von Hans Schales wurde dringend ein weißer Arzt gesucht, der die Verantwortung übernehmen solle. Das Krankenhaus gehört der Erzdiözese Bulawayo, der Erzbischof ist deshalb Arbeitgeber der Angestellten und war es lange Zeit auch für Hans. Diese Konstellation war nicht immer segensreich.

Unabhängig vom Eigentum ist St. Luke's ein Distriktkrankenhaus des Landes, von diesem finanziell unterstützt, allerdings in höchst bescheidenem Ausmaß. Das Gehalt, das die rund 150 Angestellten nach landesüblichem Tarif erhalten, reicht kaum zum Überleben und wird von Misereor (AGEH) und dem Förderverein Afrikaprojekt durch ein »Top up« aufgebessert. Auch Hans bezog ein Gehalt, solange er »Superintendent« des Krankenhauses war. Der Gegenwert der irrsinnigen Menge an Zimbabwe-Dollars war jedoch nicht mehr als ein Hungerlohn. Anfang des Jahres 2009, auf dem Höhepunkt der Währungskrise, schrieb Hans: *»Heute morgen habe ich mein Guthaben auf der Barclays Bank in Byo abgefragt: 150 Billionen Zim-Dollar! Das ist das Gehalt der letzten drei Monate und hat einen Wert von 15 US-Dollar! Ich darf pro Tag aber nur 50 Billionen abheben!«*

Das Budget der Regierung für St. Luke's, schreibt der Verwalter Gordon Hlatwayo, ist für das Jahr 2004 auf einen Betrag im Wert von 35.000 Euro festgelegt worden, gerade genug für ein paar Monate. Das Krankenhaus hat über die Jahre nur erfolgreich arbeiten können, weil es Geld, Medikamente und weiteres Material aus Deutschland erhalten hat.

Ein hoch aufragendes Gebäude wie das »Kloschder« St. Josef in Dudweiler sucht man vergeblich. Das Krankenhaus erstreckt sich über ein weitläufiges, eingezäuntes Areal; an Grund und Boden fehlt es nicht. Darin liegen weit verstreut eingeschossige, barackenähnliche Gebäude mit weiß gestrichenen Mauern, kleinen Fenstern und einem Wellblechdach, die eine Abteilung des Krankenhauses aufnehmen oder auch dem Wohnen dienen. Dazwischen wachsen Büsche und Bäume, sind kleine Gärten angelegt, gut eingezäunt, um das gezogene Gemüse vor dem Hunger der Ziegen und Esel zu schützen, die durch das Areal ziehen. Sie verstärken den ländlichen Eindruck. Es soll vorgekommen sein, dass ein Huhn in eines der Krankenzimmer geflattert ist – hoch lebe da die Krankenhaushygiene! Das größte Gebäude mit der Aufschrift »St. Luke's Hospital« steht am Haupteingang. Das hübscheste

Gebäude, erst Jahre nach dem »Amtsantritt« von Hans errichtet, ist sein in afrikanischem Stil gebautes Rundhaus. Nicht weit entfernt davon steht die Kirche, ein Bauwerk fast so schlicht wie ein Flugzeughangar.

Es gibt Stationen und Abteilungen für Kinder, für Mutter und Kind, für Männer, Frauen oder Tbc-Patienten. Daneben gibt es den OP-Trakt, eine Röntgenabteilung, die Apotheke, das Leichenhaus, Küche und Wäscherei, es gibt die Ärztehäuser, Gästehaus und Unterkünfte, Verwaltungsgebäude, weiter noch die Hebammenschule, eine Polizeistation und manches andere Gebäude mehr. Das Areal der Kirche St. Luke's grenzt an das des Krankenhauses.

Übernahme der Verantwortung

Ein Nichtmediziner kann kaum ermessen, was alles auf Hans Schales, den ausgemachten Spezialisten für Geburtshilfe und Gynäkologie, eingestürmt ist, als er die Arbeit in einem durchorganisierten und überreglementierten deutschen Krankenhaus gegen die Leitung eines afrikanischen Allgemeinkrankenhauses eingetauscht hat, und das auch noch im armen Zimbabwe. Er ist eigentlich nach St. Luke's geschickt worden, damit er als Frauenarzt die in der Klinik arbeitenden Ärzte entlastet und die Aufnahme des Betriebs in einer bereits errichteten Hebammenschule ermöglicht. Zu seinem Unglück entschied sich jedoch der einzige in St. Luke's praktizierende Arzt, ein Internist aus Pakistan, wenige Monate nach Ankunft von Hans, zusammen mit seiner Familie Zimbabwe wegen der politischen Unsicherheit und der schlechten Zukunftsaussichten zu verlassen. So stand Hans allein da. Er beschreibt das ganz nüchtern:

»Die so gern propagierte partnerschaftliche Zusammenarbeit in der Entwicklungshilfe beschränkte sich vor Ort auf das gute Verhältnis zum einheimischen Verwalter, Gordon Hlatwayo. Ich war rund um die Uhr durch die ärztlichen Herausforderungen eines Krankenhauses mit 250 Betten beschäftigt, während mir der Verwalter die bürokratische Arbeit abnahm. Die mit Geldern aus Korea gebaute Hebammenschule durfte eröffnet werden. In kleinen, mühsamen Schritten ist es dann gelungen, einheimische Jungärzte im Turnus für ein bis zwei Jahre an das Krankenhaus zu verpflichten. Befreundete Ärzte aus Deutschland opferten ihren Jahresurlaub und halfen mit, die Alltagsarbeit zu meistern und das Krankenhaus medizinisch attraktiver zu machen.«

Wie das aussah, beschreibt Prof. Dr. Werner Kirsch, der im zweiten Zimbabwe-Jahr 2002 für kurze Zeit in St. Luke's mitgearbeitet hat.

»30. Juni 2002: Jetzt sind wir zwei Wochen in Afrika, weit ab von Europa, von all den Dingen zu Hause, sind ohne Fernsehen, Radio und Zeitung. Lediglich per E-Mail über den Laptop von Dr. Schales wird die Verbindung nach Hause aufrecht erhalten. Wir sind per Nachtflug von Frankfurt nach Kapstadt gestartet. Eine Woche später Flug von Kapstadt über Johannesburg nach Zimbabwe, unserem eigentlichen Ziel.

Der Flughafen der Millionenstadt Bulawayo, Provinzhauptstadt auch für das St. Luke's Hospital, Distrikt Lupane in Matabeleland North, gleicht unserem Flughafen Saarbrücken-Ensheim von vor 50 Jahren. Dieser allgemeine Eindruck bleibt uns auch weiterhin erhalten. Dr. Schales winkt freudig vom Flughafengebäude und fotografiert unsere Ankunft. Nach Bezahlung von 30 US-$ Eintrittsgeld für Zimbabwe kontrolliert der Zöllner misstrauisch unser Gepäck und fragt: ›All Clothes?‹. Wir bejahen, und nach einigen Sekunden des Zögerns lässt er uns durch. Wir sind froh, sonst hätten wir vielleicht Probleme gehabt wegen des mitgebrachten chirurgischen Nahtmaterials, der Kinderinfusionsbestecke und Medikamente.

Das Land Zimbabwe ist bitterarm. Die Inflation liegt nach Angaben bei 117 Prozent. Material für Reparaturen ist kaum zu haben und nur mit hohen Preisen – am besten in US-Dollar – zu bezahlen. Die Leute sind sehr freundlich und lachen uns beim Grüßen an. Imponierend ist die Leidensfähigkeit und Klaglosigkeit der Patienten, die die Klinik und Ambulanz aufsuchen, oft nach weiten Fußmärschen durch das Buschland. Erstaunlich ist auch der Zusammenhalt der Großfamilien bei Krankheit und Hunger.

Die Klinik St. Luke's besteht aus mehreren Pavillons in Barackenkonstruktion. Lediglich die vom internationalen Lions-Club Bulawayo gestiftete Augenklinik ist aus roten Klinkern gemauert und sehr schön. Die Baracken für die Patienten sind ärmlich und für unsere Begriffe unvorstellbar heruntergekommen. Die Fenster sind zum Teil zerbrochen, die Bettgestelle rostig, die Bettdecken dünn und löchrig. In der jetzigen ›Winterzeit‹ in Afrika sind die Nächte kalt. Die Zimmer und Flure sind allerdings trotz vieler Löcher im Boden sauber, da täglich viel gekehrt und geputzt wird. Die Wäsche der Patienten wird täglich zum Trocknen aufgehängt oder am Boden auf Steinen ausgebreitet. Die meisten Leute hier besitzen nur das, was sie am Leib tragen, wenn sie die Klinik aufsuchen, und das ist oft unvorstellbar schmutzig und zerrissen. Es riecht oft streng nach Schweiß und Moder. Man hört aber kein Klagen, selbst nicht nach größeren Operationen und bei starken Schmerzen. Alle bleiben freundlich und dankbar für die Hilfe. Die Füße der Leute sehen oft aus, als wären Schuhsohlen daran genagelt; so hart und rissig sind sie vom lebenslangen Barfußlaufen durch den Busch.

Die Leistung und die Arbeit von Dr. Hans Schales und dem medizinischen Personal sind immens. Seine Arbeitszeit liegt bei täglich mindestens zwölf Stunden, zuzüglich Nachtdienst an jedem zweiten Tag. Hans Schales war längere Zeit einziger Arzt der Klinik. Seit Mitte März hilft ihm ein einheimischer Arzt mit Name Nyahwai, ein freundlicher und sehr engagierter kollegialer Mitarbeiter, der sich voll einbringt.

Die Kenntnisse des medizinischen Personals sind erstaunlich gut. Die Schwesternausbildung erfolgt nach englischem Vorbild. Oft fehlt es allerdings an Übersicht und persönlich aktivem Einsatz. Uns ist unklar, ob sich dahinter ein afrikanisches Phlegma verbirgt oder ein Ergebnis der allgemeinen Tristesse. Die Leute sind aber meist sehr willig, wenngleich oft vergesslich in medizinischen Dingen. Letztere müssen vom Arzt bei der Visite sehr präzise und ausführlich schriftlich fixiert werden. Die Medikamentenliste ist auf neuem Stand, wenngleich einzelne darin aufgeführte Medikamente nicht verfügbar sind. Die Erfüllung der Vorgaben des Ministry of Health and Child Welfare ist meist nur möglich mit Hilfe der aus Deutschland mitgebrachten oder von Misereor Deutschland für das St. Luke's Hospital gekauften Medikamente.

Eine schwere Belastung der Menschen hier im Lande sind Aids-Erkrankung und Tuberkulose. Während die Behandlung der Tbc durch die staatlichen Gesundheitsdienste und Gesundheitsstationen gut geregelt erscheint, gibt es für Aids-Patienten keine Medikamente oder adäquate Pflege. Es ist zum Verzweifeln, wenn man diese Menschen sieht, Säuglinge bis zu Erwachsenen, welche dem sicheren Tod entgegen sehen. Sie kommen in der Klinik an, extrem geschwächt, völlig abgemagert, mit verschiedensten Infektionen und oft profusen Durchfällen. Meist haben sie zusätzlich eine Tuberkulose. Sie werden in der Klinik etwas aufgepäppelt mit Essen, Infusionen und Vitaminen und gehen dann ohne weitere Therapie nach Hause, da Medikamente fehlen. Mehr als die Hälfte der stationären und ambulanten Klinikpatienten sind HIV-positiv. An einem einzigen Tag dieser Woche kamen von 24 eingesandten Blutproben aus der Klinik und Ambulanz 20 als positiv zurück, nur vier waren negativ. Die Kinderstation besteht aus einer Baracke mit drei Patientenzimmern mit jeweils zwölf Betten. Die Mütter sind mit ihren Kindern aufgenommen und liegen zusammen mit ihnen nachts im Bett oder auf dem Boden. Sie werden mit ihren Kindern zusammen versorgt oder kochen sich auch selbst etwas auf offenem Feuer im Hof. In den Zimmern gibt es keine Heizung und keine sa-

nitären Anlagen, es gibt keine Babywaage. Die Betten stehen dicht an dicht. Die Babys und kleineren Kinder haben überwiegend schwerste Pneumonien. Oft sind sie zuvor noch aus Gründen traditioneller Heilmethode der Einheimischen in den Rauch der Holzfeuer gehalten worden, oft zusätzlich mit einer Decke überdeckt, so dass die Kinder neben ihrer Lungenentzündung noch eine Rauchvergiftung und Raucherlunge aufweisen (›smoked babys‹). Einige sind total unterernährt und weisen Eiweißmangel-Erkrankungen auf (Kwashiorkor) oder sie sind extrem ausgetrocknet, haben Aids oder Tuberkulose. Eine klinische Labordiagnostik nach europäischem Muster ist nicht möglich. Wir möchten ein Förderprojekt starten zur Renovierung, Ausbau und adäquater sächlich-medizinischer Ausstattung der Kinderstation.

Soviel für heute von unserer ersten Woche im St. Luke's Hospital in Zimbabwe. Die Beschreibung der Schulprojekte und anderer Vorhaben und Eindrücke heben wir für später auf. Uns gefällt es hier sehr gut, wir sind gut aufgehoben und verpflegt und sind auch in Gedanken weit entfernt von zu Hause. Wir bewundern die Leistung von Dr. Schales und sind froh, ein wenig helfen zu können.«

Bei diesem Bericht wird nicht nur einem Arzt verständlich, mit welchen Problemen sich Hans hat herumschlagen müssen. Fast jeder hat doch – meist unfreiwillig – erlebt, wie ein Krankenhaus funktionieren sollte.

Tagesroutine in St. Luke's

Das also ist der Rahmen, in dem sich der Alltag des weißen Doktors abspielt. Er bleibt nicht der einzige Arzt der Klinik, das Kommen und Gehen einheimischer Ärzte ist aber alles in allem ein Trauerspiel. Sie bleiben nie lange, sie sind selten engagiert, immer wieder lassen sie

Hans allein, an Wochenenden und Feiertagen, wegen Urlaubs oder Workshops, oder weil sie eine Abwanderung nach Südafrika planen, wo es mehr Geld zu verdienen gibt, trotz des »Top up«, das sie in St. Luke's erhalten. Wie ein halbwegs normaler Tag beginnt oder beginnen sollte, beschrieb Hans einige Monate nach der Ankunft so:

»Ich habe mir vorgenommen, abwechselnd an einem Tag zu joggen und am anderen Tag um sechs Uhr zur Messe zu gehen. Nach dem Duschen findet um sieben Uhr im Krankenhaus die ›Assembly‹ statt, da wird ein Lied gesungen, es folgen eine Lesung aus der Heiligen Schrift und das Gebet für alle Krankenhausangestellten. Das dauert fünf bis zehn Minuten. Anschließend ist das Frühstück für mich vorbereitet. Kurz nach halb acht Uhr beginnt meine Arbeit im Krankenhaus.«

Der Vorsatz, regelmäßig zu joggen, bleibt bald auf der Strecke. Um sechs Uhr, schrieb Hans ein andermal, herrsche zur Stunde der Morgenmesse während der Winterzeit, wenn auf der Nordhalbkugel Sommer ist, tiefe Dunkelheit, im Sommer ist es die Zeit kurz nach dem herrlichen Sonnenaufgang. Nach der Versammlung der Krankenhausangestellten, hauptsächlich der Schwestern, und nach dem Frühstück nimmt Hans die Arbeit auf und beschreibt sie, wie ein Mediziner das eben ausdrückt.

»Der medizinische Alltag beginnt auf fünf Stationen mit punktuellen oder ausführlichen Visiten, anschließend werden geplante Operationen oder Noteingriffe durchgeführt. Ich drainiere Abszesse aus allen möglichen Geweben und Organen, reponiere Knochenbrüche, versorge Hieb- und Stichverletzungen, Verkehrsunfälle, Verbrennungen, öffne unklare Bäuche, reseziere, übernähe und anastomosiere Darmschlingen, beurteile Röntgenbilder, diagnostiziere Krankheiten, die ich nur aus der Literatur kenne. Ich arbeite als Internist, Chirurg, Orthopäde, Pädiater, Dermatologe, Urologe, alles mit mehr oder weniger schlechtem Gewissen. Ich muss mir vieles neu erarbeiten, längst Ver-

gessenes wieder auffrischen und immer wieder nachlesen. ›Entspannen‹ kann ich mich nur, wenn ich als Frauenarzt und Geburtshelfer gefordert werde. Mit 1.500 Geburten im Jahr als einziger Facharzt weit und breit wäre mein Tag schon voll ausgefüllt. Über Mangel an geburtshilflichen Komplikationen brauche ich mich nicht zu beklagen: Frühgeburten, bedingt durch Malaria, Geschlechtskrankheiten oder andere Infektionen, Uterusrupturen, abgestorbene Kinder wegen des langen und schwierigen Transports zum Krankenhaus, Blutungskomplikationen, Eklampsien, manuelle Lösungen, Arm- oder Nabelschnurvorfall, und das alles bei einer HIV-Infektionsrate bis zu 60 Prozent unserer jungen Schwangeren. – Unsere Krankenhauspatienten werden zu 90 Prozent HIV-positiv getestet, bei einer allgemeinen Infektionsrate um 30 Prozent von 12 Millionen Einwohnern Zimbabwes.

Nach der Stationsarbeit warten täglich 50 bis 100 ambulante Patienten, die vom Doktor angesehen werden müssen. Eine Vielzahl von ihnen ist von der Immunschwäche gezeichnet. Seit einigen Wochen kommen in steigender Zahl unterernährte Kinder. Sterbeurkunden, Berichte über Vergewaltigungen und gewalttätige Auseinandersetzungen für die Polizei sind an der Tagesordnung. Die Ambulanzarbeit endet zwischen 16 und 18 Uhr.

Die Nachtdienste sind – abgesehen von der Geburtshilfe – meist ruhig. Jetzt zu Beginn der Regenzeit häufen sich allerdings die nächtlichen Aufnahmen wegen Schlangenbissen und cerebraler Malaria. Die späten Abendstunden verbringe ich am Laptop, um die Kontakte mit der Heimat nicht abreißen zu lassen. Dieses moderne Kommunikationsmittel möchte ich nicht missen.«

Ich denke, dass es einen hiesigen Arzt bei dieser Litanei ärztlicher Aufgaben schaudert. Woher nur nimmt Hans die Kraft, dieses Arbeitspensum zu meistern? Ohne seine Lebensmaximen, ohne sein »Sendungsbewusstsein« wäre es nicht zu verstehen. Im Laufe der Jahre droht die Kraft bisweilen zu erlahmen, der Durchhaltewille zu brechen, wenn er feststellen muss, dass es ihm nicht gelingt, die einheimischen Ärzte oder Schwestern anzustacheln und mitzureißen, wenn er auf ihre Gleichgültigkeit stößt, auch bei den im Erzbistum für das Krankenhaus St. Luke's Verantwortlichen. In den ersten Jahren ist das noch selten zu spüren. Von ihren Eindrücken berichtete die Journalistin Silke Lorson nach einem Besuch in Zimbabwe (SZ vom 9. Januar 2002):

»So hart die Arbeit im afrikanischen Busch auch ist – Dr. Hans Schales ist glücklich: ›Ich habe zwar kein Fernsehen, lese aber viel, höre Musik und halte über E-Mails Kontakt zu meiner Familie und zu der übrigen Welt.‹ Aber fehlt dem Saarländer in der Ferne nicht doch irgendwas? Hans Schales überlegt und sagt: ›Eine gute Flasche Bier vermisse ich manchmal. Und Schwarzbrot.‹ Und fügt nach kurzem weiterem Überlegen schmunzelnd hinzu: ›Und an ein Stück Lyoner denkt man auch ab und zu einmal!‹«

Diesen Traum von einem guten Bier und einer saarländischen Lyoner kann ich nur zu gut verstehen, seit ich bei der eigenen Reise nach Zimbabwe erlebte, was Hans Tag für Tag, Jahr für Jahr zu seinen Mahlzeiten bekommt.

»Um halb acht gibt es das Abendessen. Hans geht mit uns über das mit tiefem Staub bedeckte Gelände zwischen einzelnen Gebäuden hindurch zum Essen in der ›Ärzte-Kantine‹, wenn man dem Haus einen Namen geben will. Es hat zwei große Räume, die Küche, die zu durchqueren ist, und den anschließenden Essraum. In der Küche wirkt Antoniah, eine ebenholzschwarze, schlanke und hoch gewachsene Frau, die uns herzlich begrüßt und deren feines Lächeln verrät, dass sie von den bekochten Männern – saarländisch ausgedrückt – ›den Plan im Sack hat‹. Sie ist seit vielen Jahren als Köchin angestellt, wohnt hier im Gelände und hat drei Kinder, die sie zusammen mit einem Waisenkind ohne Hilfe eines Mannes großzieht. Wir spüren bei vielen Gelegenheiten, wie sehr sie ihn schätzt. Als sie nach St. Luke's kam, hat sie sich beibringen lassen, welche Küche die Weißen mögen, und sie schafft es, mit dem

Wenigen, was ihr zur Verfügung steht, ein schmackhaftes und gesundes Essen zu kochen.«

Besonders abwechslungsreich ist das Essen aber dennoch nicht. Morgens Toast, jedenfalls dann, wenn der Strom nicht ausgefallen ist, mittags und abends oft Porridge, die landesübliche, aus Maismehl zubereitete Mahlzeit, für Hans bisweilen auf seinen Wunsch hin ein Nudelgericht, selten Fleisch: Vor dem Gulasch, das es bei unserem Besuch gab, hat Antoniah selbst gewarnt: *»The cow was very old, very tough!«* Was kann man von einer alten Kuh auch anderes erwarten.

Im Haus von Hans waltet Elizabeth Lusinga. Sie kehrt, wie Hans uns erklärt hat, am einen Tag den Staub von rechts nach links und am nächsten Tag von links nach rechts, oft etwas mürrisch und muffig und dabei ihres Werts und ihrer Würde sehr bewusst. Nein, eine Ersatzfamilie ergibt das nicht, schließlich halten auch die Jungärzte Distanz gegenüber dem weißen Doktor, so sehr er sich auch um ein entspanntes Verhältnis zu ihnen bemühen mag. Ihre Vorsicht und Zurückhaltung mag sich aus der Geschichte des Landes und aus ihrer Erziehung erklären.

Vier Jahre später, als wir uns brieflich über festgelegte Tagesabläufe unterhalten, beschrieb mir Hans einen »ritualisierten dienstfreien Sonntag«.

»Heute gehe ich anstatt zur Kirche auf zwei Stationen, um mir einige Sorgenkinder anzusehen. Danach setze ich mich nach längerer Pause einmal wieder aufs Rad. Dort bekomme ich einen freien Kopf und denke über ›ritualisierte Tage‹ nach. Ich habe sie eigentlich nie erlebt. Als Geburtshelfer haben mir die Ungeborenen die Termine gesetzt, die kannten keinen Stundenplan. Ich war immer rufbereit, störend für ein geordnetes Familienleben … – Hier stehe ich fast jeden Morgen um 5:30 Uhr auf und gehe zur Heiligen Messe, aber auch das hängt davon ab, ob ich nachts gerufen worden bin. Der nach-

folgende Tagesplan ist immer gleich: um 7 Uhr Versammlung mit einem Teil der Belegschaft, danach Frühstück, anschließend Visite, OP und Ambulanz, eine kurze Teepause um 10 Uhr, Mittagessen um 13 Uhr, danach weiter Ambulanz bis 17 Uhr, um 18:30 Uhr Abendessen und frühes Schlafengehen.

Das Improvisieren fängt aber schon früh am Tag an: Der für die OP vorgesehene Patient ist nicht nüchtern, das OP-Personal kommt zu spät, die Visite ist nicht vorbereitet, ein eiliger Kaiserschnitt muss vorgezogen werden, Medikamente fehlen, Benzin für das Ambulanzfahrzeug, das heute in die Stadt fahren soll, ist ›plötzlich‹ all, Personal meldet sich krank oder muss zu einer Beerdigung, die Matron ist auf ›Workshop‹, irgendwo ist Strom- oder Wasserausfall, meine Haushälterin hat Malaria, die Küche hat keine Eier oder kein Mehl zum Brotbacken... Verlassen kann man sich nur auf das alltäglich gute Wetter und dass alle Probleme mehr oder weniger gut gelöst werden, wenn auch nicht in meinem Sinn.«

Gotteslob nach afrikanischer Weise

Wir dürfen nicht vergessen, dass Hans an einem Missionskrankenhaus arbeitet und dass Klinik und Kirche, nebeneinander und nicht immer ohne Reibung, ihren Aufgaben nachgehen. Wer sein Leben lang Gottesdienste in Deutschland besucht hat und erstmals eine Messe in der Kirche St. Luke's erlebt, wird sich die Augen reiben. So ist es meiner Frau und mir bei unserem Besuch in Zimbabwe ergangen, als wir mit Hans zur Sonntagsmesse gingen. Der Gottesdienst, von dem ich berichte, sollte um acht Uhr beginnen.

Es sei nicht nötig, sagte Hans, pünktlich auf die Minute zu erscheinen, die Vorbereitung der Messe ziehe sich meist über eine Viertelstunde hin. Heide und ich fanden in einer Stuhlreihe nahe dem Eingang Platz. Neben uns ließ sich wenig später auch Hans nieder. Was dann folgte, war ein Ansturm auf die Sinne, auf Augen, Ohren und Herz. Die Kirche war mit etwa zweihundert Besuchern gefüllt. In den Reihen vor uns saßen Männer und Frauen in ihrem Sonntagsstaat. Die älteren Frauen trugen eine Kopfbedeckung, die Männerköpfe mit dem schwarzen Kraushaar sahen von hinten wie schwarze Kugeln aus. Der Kirchenbau war ausgesprochen schlicht, mit leichten Platten gedeckt. Über dem unteren Teil der Seitenwände, in einer Mauer aus dunklen Bruchsteinen, zog sich ein Band einfacher Fenster, die offen standen und die Luft durch den kühlen Kirchenraum streichen ließen. Der Boden bestand aus einfachem Glattstrich. Die Stirnwand des Bauwerks war durch Holzbalken so eingefasst, dass der Altarraum wie eine Bühne wirkte. Der Tabernakel hatte die Form einer Rundhütte im Kral.

Die Messe begann mit lautem Gesang, der von Trommeln untermalt wurde. Eine Gruppe von Frauen tanzte in die Kirche ein. Es waren die Mitglieder der St.-Annen-Gemeinschaft, sie trugen eine Art Uniform, was die Sandalen oder Schuhe nicht einbezog. Mit rhythmischen Schritten, vorwärts und zurück, bewegten sie sich langsam durch den Mittelgang nach vorne, um dort in eine der Bankreihen zu treten. Wenig später kam Pater Charles im grünen Messgewand der Sonntage nach Pfingsten in die Kirche, zusammen mit seinen Ministranten. Es begann eine katholische Messe, wie ich sie eigentlich ungezählte Male erlebt habe – so aber noch nie. Das rührte einmal von dem kräftigen, beseelten Gesang her, wie ihn deutsche Kirchenbesucher nie zuwege bringen. Dabei klatschten die Sänger in die Hände, schwangen die Arme oder es tanzte der ganze Körper, nicht nur bei den Kirchenbesuchern, sondern auch beim Priester und den Messdienern. Die meisten Lieder wurden in langem Wechselgesang vorgetragen, »Gefühlte dreißig Strophen« flüsterte ich Heide zu, die mit »Eher vierzig!« antwortete. Die Lieder hatten eine ansprechende Melodie, nicht viel anders als unsere Kirchenlieder, zudem wurden sie oft mehrstimmig gesungen.

Während der Gesänge, Lesungen und Gebete, die wir nicht verstanden, weil sie in der Landessprache vorgetragen wurden, wanderten unsere Gedanken und unsere Blicke umher, etwa zu den kleinen Kindern. Sie durften beim Gottesdienst nicht in den Bankreihen sitzen und waren ohne Sitzgelegenheit auf die Außenseiten des Gotteshauses »verbannt«. Auch sie trugen ihre besten Kleider, setzten sich auf den Boden, als wir uns auf die Bänke setzten, standen mit uns auf, sangen, klatschten und tanzten mit den Großen. In unserer Nähe war ein kleiner Junge, kaum zwei Jahre alt, der sich bisweilen krabbelnd von den größeren Geschwistern entfernte, einmal in die Sandalen eines größeren Kindes stieg und sich die Langeweile mit kindlichen Späßen vertrieb. Die älteren Geschwister hatten sichtbar ihr Vergnügen an den Einfällen des Kleinen.

In der Bank vor mir saßen einige ältere Mädchen, fein frisiert und in schlichten bunten Kleidern. Die passten gut zu ihrer schwarzen Haut, die ich hier ganz aus der Nähe betrachten und bewundern durfte: glatt und schimmernd wie dunkle Schokolade. Schwarz auch die Ohren, die dadurch gewannen, allein die Haut unter den Fingernägeln und der Handinnenflächen war hell. Eines der Mädchen, junge Mutter oder große Schwester, trug auf dem Arm ein Baby, das sich mit seinen großen glänzenden Augen neugierig umschaute und dabei immer wieder Heides lächelndem Gesicht zuwandte.

Dieser Ernst und diese Inbrunst des Singens und des Betens! Ach Gott, dachte ich, wie sehr ist doch zu hoffen, dass die Bitten dieser Menschen erhört würden, die in solcher Armut leben und dich dennoch in ihren Liedern preisen. Vor dem Evangelium trat die St. Annen-Frauenschaft noch einmal in Aktion: Sie zog tanzend und singend in die Kirche ein, trug eine Bibel und zeigte die Heilige Schrift, »The Holy Bible«, mit hochgereckten Armen in die Bankreihen rechts und links. Ein weiteres Erlebnis war der Friedensgruß, bei dem uns viele Hände, auch aus anderen Bankreihen vor und hinter uns, gereicht wurden und einige Frauen und Männer sogar aus entfernten Bänken zu uns kamen, um uns zu grüßen.

Als nach zwei Stunden die Messe endete, blieben die Kirchenbesucher brav in ihren Bänken. Eine alte, schwergewichtige Nonne ging nach vorn und begann mit lauter, sich überschlagender Stimme eine Ansprache. Ich meinte zu verstehen, dass sie den Kirchenbesuchern ins Gewissen redete und sie dabei auch mahnte, wegen der Diebstähle die Augen offen zu halten. Danach begab sich auch Hans zum Altar und hielt eine weitere Ansprache, die wir besser verstanden. Er beklagte sich über den Schlendrian in vielen Dingen, er bat die Frauen, auf Ordnung zu achten und wegen der Diebstähle wachsam zu sein. Er deutete an, dass das Afrikaprojekt sonst seine Unterstützung für St. Luke's aufgeben könnte und das Krankenhaus dann tot wäre. Dann wies er auf uns, »my friends Dietmar and Heide«, die ihn persönlich und das Afrikaprojekt unterstützten und in Deutschland berichten würden, was sie in St. Luke's gesehen und erfahren hätten. Schließlich schlug Pater Charles noch einmal in die gleiche Kerbe: Hans, der sich seit Jahren abrackere, von sechs Uhr früh bis in die Nacht und oft genug auch während der Nacht, habe diesen Einsatz nicht nötig, sei so reich, dass er jeden Tag nach Europa zurückkehren und es sich dort gut gehen lassen könnte.

Anschließend verlagerte sich die Versammlung in das Sonnenlicht vor der Kirche. Pater Charles, der kein Schwarzer ist, sondern als »Coloured« aus Südafrika stammt, kam auf uns zu und wünschte uns auf Deutsch einen schönen Aufenthalt in St. Luke's. Er hatte bei einer

Reise nach Deutschland, bei der er Hans zur Feier des siebzigsten Geburtstags nach St. Ingbert begleitet hatte, ein paar Brocken Deutsch gelernt. Einige Mitglieder der St. Josefs-Vereinigung, die voll Stolz eine Schärpe trugen, auf der ein grellbunter Sticker mit dem Bild des heiligen Josef steckte, kamen auf uns zu, um uns anzusprechen. Besonders herzlich begrüßte uns ein alter Mann in einem bei diesem Wetter unpassenden roten Pullover. Wir erfuhren, dass Hans ihm diesen Pullover an einem kalten Tag überlassen hatte und er ihn – zusammen mit Turnschuhen, die Hans einmal gehört haben – an jedem Sonntag vorführt.

Auch später noch, als wir ins Haus zurückgekehrt waren, stand eine Gruppe Jugendlicher im Schatten eines Baumes beisammen. Das Singen, Trommeln, Händeklatschen und Lachen ging noch lange weiter. Der Gottesdienst hat mir einen tiefen Einblick in die Seele der Menschen erlaubt, die hier ihre Heimat haben.

Ja, unter diesen Menschen lebt und für sie arbeitet Hans. Sie beweisen, dass der Pegel unseres Glücksgefühls nicht von materiellem Reichtum und den Möglichkeiten der Zerstreuung abhängt. Es sind schöne Menschen, in der Tat, die Kinder mit ihren sprechenden Augen, die Frauen mit ihrem aufrechten Gang, Lohn der Mühe, von Kindheit an Lasten auf dem Kopf zu tragen. Männer schön zu finden fällt mir schwer, dafür bin ich zu sehr Mann. Bei allen aber wirkt die bunte Kleidung, mag sie noch so ärmlich sein, auf der schwarzen Haut wie ein Kunstwerk. Denn machen wir uns nichts vor: Die schwarze Haut ist schöner als unsere angeblich weiße Haut. Mark Twain, der scharfsichtige und scharfzüngige Weltbeobachter, hat es in seinem Buch »Reise um die Welt« auf den Punkt gebracht:

»Eine schwarze oder braune Haut ist fast immer schön, eine weiße nur sehr selten. Neben den dunklen Gesichtern sehen die weißen ausgewaschen,

ungesund, oft förmlich gespensterhaft aus. … Angenehm und wohltuend für das Auge ist erst das bestimmte, glatte, fleckenlose Braun oder Schwarz; es braucht keine Farbe zu scheuen, es passt zu allen und erhöht ihren Reiz.«

Von dieser Haut sieht Hans bei seiner Arbeit mehr als genug, oft dann aber durch Brandwunden und Geschwüre gezeichnet. Bisweilen, hat er mir einmal beiläufig gesagt, erlebe er Frauen, die einfach wunderschön seien. Pater Odilo hatte ihm, als er neu nach Zimbabwe kam, den Rat gegeben, die Finger von den Frauen zu lassen, allein schon wegen der Gefahr, sich mit Aids anzustecken. Für diese Warnung gab es keinen Grund. Es sollte mich sehr täuschen, wenn Hans seinen Prinzipien untreu geworden wäre. Ich will ihn zum Schluss des Kapitels über die afrikanische Frömmigkeit selbst zu Wort kommen lassen, in der Beschreibung einer Osternachtfeier und einer Weihnachtsfeier. Zuerst eine an Weihnachten 2002 geschriebene Mail:

»Christmette. – Es ist kurz vor Mitternacht und ich komme von der Christmette, die um 21 Uhr beginnen sollte. Die kleine Gemeinde, die vorher noch zu den einzelnen Krankenhausstationen zog, um dort zu singen und eine kleine Lesung zu halten, kam aber erst zwanzig Minuten später zur Kirche, wo zunächst nur eine Grille kräftig zirpte. Die Messe war bis dahin noch nicht vorbereitet. Die ›Verantwortlichen‹ liefen hin und her. Schulkinder zogen ›Kostüme‹ an, Kleinkinder wurden in einer ruhigen Ecke gut eingepackt auf Matten zum Schlafen gelegt, und endlich zog mit einer Stunde Verspätung unter leisem Trommelwirbel Pater Mbheki mit nur einem Messdiener in die schwach besetzte Kirche ein.

Nach etwa einer halben Stunde wurde ich zum Krankenhaus gerufen. Die Polizei hatte einen bewusstlosen Mann gebracht, der vom Dach eines Busses gefallen war. Neben Trunkenheit habe ich eine Gehirnerschütterung festgestellt. Ob er noch schlimmere Verletzungen hat, wird sich erst morgen feststellen lassen. Als ich in die Kirche zurückkam, führten die Schulkinder vor dem Altar ein Krippenspiel auf. Ein Mädchen in dünnem weißem Kleidchen durfte den Silberstern tragen. Es hatte die Schuhe, die ihm zu groß waren, ausgezogen und lief barfuß.

Pater Mbheki hielt wie immer eine theatralische Predigt mit direkter Ansprache einiger Kirchenbesucher, alles in Ndebele, so dass ich kein Wort und auch nicht den Sinn verstehen konnte. Danach wurde das Christkind, eine Puppe, durch die Kirche getragen und in die kitschige Krippe gelegt. Das hat mich an die Zeit erinnert worden, als ich bisweilen als Theaterarzt eingesetzt war.

Nun bin ich informiert worden, dass Schwester Inviolata, seit gestern bewusstlos, gestorben ist. Alle Mitschwestern zogen sich aus der Messe zurück. Zuvor hatte Pater Mbheki noch für die kranke Schwester gebetet. Als er jetzt den Tod bekannt gab, wurde es zuerst totenstill, dann setzte sich spontan ein bewegender Trauergesang ein. Immer wieder bin ich während der Messe daran erinnert worden, wie es auch im Krankenhaus an Organisation und Mitarbeit fehlt. Nach der Christmette wird jetzt vor der Kirche bei leicht verschleiertem Himmel und angenehmen Temperaturen gesungen, gejohlt, getrommelt, getanzt und geklatscht, während die tote Schwester in die Leichenhalle gebracht wird. Ich freue mich auf einen doppelten Whisky und denke an die deutsche Weihnacht!«

Afrikanisch gelebte Osterfreude (2004): *»Seit Freitag bin ich in Rufbereitschaft, praktisch aber mit kurzen Unterbrechungen immer im Krankenhaus. Wir stehen am Höhepunkt der Malaria und alle Abteilungen sind überbelegt. Viele Patienten sterben an cerebraler Malaria, da sie zu spät zur Behandlung kommen. Schuld hat einmal mehr die Regierung, die das Gesundheitssystem völlig ruiniert hat.*

Gestern wurde ich aus der Ostermesse gerufen, um einen Mann zu versorgen, der mit einer Axt übel zugerichtet wurde. Die Ostermesse sollte um 20 Uhr beginnen, wegen der Beichte kam der Missionar aber erst um 21 Uhr, um 22:30 Uhr wurde ich gerufen, war eine Stunde im Krankenhaus und habe mich etwas hingelegt. Über dem Trommeln und Singen aus der Kirche bin ich wohl zwischen ein und zwei Uhr eingeschlafen. Um 3:30 Uhr wurde ich zu einer Entbindung gerufen, konnte danach nicht mehr einschlafen, da das Trommeln und das ›afrikanische Jahrmarktgejohle‹ bis um 6 Uhr anhielt. Die Messbesucher, die aus einer Entfernung bis zu 15 km kommen, haben in und um die Kirche gefeiert und genächtigt. Um 7 Uhr störten die ersten Marimba-Klänge von Übenden den herrlichen Sonntagmorgen. Ab 8 Uhr bin ich dann wieder im Krankenhaus.

Nach dem Mittagessen – ich hatte mich hingelegt – kam ein Polizist, um ein Formular, das ich vor einem Monat für eine Vergewaltigung ausgefüllt hatte, ergänzen zu lassen. – Das Schreiben dieser Mail wurde eben von zwei Eseln unterbrochen, die sich in meinen Vorgarten geschlichen hatten, um an den Blümchen zu knabbern. Das Tanzen, Singen, Trommeln und Sterben muss man gleichermaßen akzeptieren, sonst kannst Du es hier nicht aushalten. Aus dieser afrikanisch gelebten Osterfreude grüße ich Euch! – Hans.«

Hans Schales und die Brücke der Hilfe

Stellen wir uns vor, Dr. Hans Schales hätte die Arbeit in Zimbabwe aufgenommen, ohne von der Heimat mehr Hilfe zu erfahren als den regelmäßigen Zuspruch durch Brief, Mail oder Telefon. Er wäre im Land des Niedergangs und Mangels schnell an seine Grenzen gestoßen. Was kann es auch Schlimmeres geben, als dem Elend der Kranken ausgesetzt zu sein, ohne wirklich helfen zu können, weil es an Medikamenten und medizinischer Ausstattung fehlt? Er hätte sich nie mit dem Fatalismus der schwarzen Ärzte anfreunden können, die die schlimmen Zustände schulterzuckend ertragen können. Die Medien hätten kurze

Zeit nach seinem Abschied jedes Interesse an seiner Arbeit verloren und nicht weiter Notiz von ihm genommen.

Das Krankenhaus St. Luke's hat aber eine andere Entwicklung genommen. Es ist eine blühende Einrichtung geworden, zeitweise besser mit Medikamenten versorgt als die staatlichen Krankenhäuser in der Hauptstadt Harare oder in Bulawayo. Dank der Hilfen aus der Heimat konnte St. Luke's in eine ganze Region hineinwirken. Der weiße Doktor ist so bekannt geworden, dass er bei den ständigen Polizeikontrollen auf der Vic-Falls-Road zwischen Bulawayo und den Fällen von den Polizisten erkannt und nach einem kleinen Plausch lachend durchgewunken wird, selbst wenn dies und das an seinem Wagen auszusetzen ist.

Dass es so gekommen ist, ist niemand anderem als den beiden Kindern von Hans Schales zu verdanken, seinem Sohn Oliver und seiner Tochter Anne. Sie sind in den Jahren groß geworden, in denen ihr Vater im Krankenhaus St. Josef in Dudweiler arbeitete. Sie hatten wegen des unermüdlichen Einsatzes für seine Abteilung »nicht viel vom Vater«, nicht das übliche Familienleben am Wochenende, nicht die üblichen Urlaubsreisen mit den Eltern. Als die Mutter gestorben ist, verschwindet dieser Vater im fernen Afrika. Wir könnten Oliver und Anne keinen Vorwurf machen, wenn sie sich gesagt hätten: »Lassen wir ihn doch gehen, was haben wir damit zu tun?«

Sie sind aber mit dem Vater eng verbunden geblieben, haben ihn in den ersten Jahren in Zimbabwe immer wieder besucht, soweit ihre beruflichen und familiären Pflichten das erlaubten, und haben schließlich im Saarland den Förderverein »Afrikaprojekt Dr. Schales e.V.« gegründet. Willi und Bärbel Braun, zwei befreundete Förderer des Vereins und Inhaber der Druckerei repa-Druck, haben später auf ihre Kosten die Zeitschrift des Vereins »Salibonani« drucken lassen. Im ersten Heft

(März 2008) wird der »Moment der Vereins-Zeugung« so beschrieben: »Der eigentliche Augenblick der Zeugung des Afrikaprojekts war für Hans Schales der Moment, als seine Kinder Oliver und Anne sagten: ›Papa, wir werden dich unterstützen, wenn du in Afrika bist.‹ Im April 2002 haben sie zusammen mit Freunden den Förderverein gegründet. Für Oliver Schales ist die Idee des Afrikaprojektes durch ein Erlebnis im Busch gezündet worden.

… und dann mitten im Busch auf der Fahrt zur Mafaschule. Da steht er im wahrsten Sinne des Wortes mitten im Weg des Geländewagens der deutschen Besucher. Ein zehnjähriger lächelnder Junge – er geht zur Seite an den Rand des Weges, um uns vorbeizulassen, nicht ohne einen neugierigen Blick ins Innere des Wagens zu wagen.

Es ist noch weit bis zur Schule und er geht in die andere Richtung, weg von der Schule, in die falsche Richtung! Ich rufe »Halt!«. Wir steigen aus und stellen uns kurz vor, fragen nach seinem Namen und wohin er denn gehe. Er erzählt uns seine unglaubliche Geschichte. Morgens um fünf Uhr sei er von seinem Kral losgegangen auf den zwölf Kilometer langen Weg zur Schule. Dort angekommen, sagte man ihm, dass seine Familie das Schulgeld von einigen Dollar für die nächsten Monate nicht gezahlt habe und dass er deshalb die Schule nicht besuchen könne. Daraufhin machte er sich wieder auf den Rückweg, bis wir uns zufällig begegnen. Da steht er nun!

Das war die Geburtssekunde des Afrikaprojektes – die Situation der Entscheidung. Was ist zu tun? Was hat das Ganze mit mir zu tun? Es war klar, dass uns diese Begegnung nicht loslassen würde. Ich mache es kurz: Das war unser erstes Patenkind, das wir zur Schule zurückfuhren, das Schulgeld bezahlten, dem tausende im Namen des Afrikaprojektes folgen sollten. Später sprechen wir von Patenschaft in Partnerschaft mit den Schulen. Organisiert wird dies mit geringer fairer Eigenbeteiligung der Familien, damit Kinder lernen, spielen und essen können. Damit sie eine Chance haben. Nicht mehr, aber auch nicht weniger.

Es war auch die Entscheidung im Anblick des freundlichen und stolzen Jungen für ihn und alle anderen nicht um Almosen zu betteln, sondern eine kreative Arbeit im Afrikaprojekt zu beginnen. Nicht mit der Geldsammeldose, sondern mit persönlicher Gegenleistung bei allen Aktivitäten. Die Umsetzung der Ideen mit modernen digitalen Medien, professionellen Drucksachen und die Zusammenarbeit in einem Netzwerk saarländischer Unternehmen konnte beginnen. Das alles auf einem Flächenmaß des Saarlandes, das wir als Flächenmaß des Wirkens als Selbstbeschränkung um das St. Luke's Hospital im Matabeleland Nord Simbabwes legten.

Dies basiert aber alles auf den vielen vergangenen Begegnungen meines Vaters mit saarländischen Müttern und Vätern, die irgendwann einmal im Dudweiler St. Josef-Krankenhaus ein Kind erwarteten und die Begleitung des Geburtshelfers Hans Schales positiv in Erinnerung bewahrten und ihm für das Afrikaprojekt etwas zurückgeben …

Der Verein hat sich rasch entwickelt und die »Saarbrücker Zeitung«, die mehrfach Reporter nach Zimbabwe entsendet hatte, berichtete anschließend nicht nur über das, was sie im Land und in St. Luke's gesehen haben, sondern auch über den Förderverein. Gordon Hlatwayo, der Verwalter der Klinik, erklärte dem Redakteur Markus Kalmes (SZ vom 11. April 2004): *»Ohne die Hilfe von Schales und seinen Helfern wäre die Gegend tot. Bevor Schales kam, mussten wir eine Zeit ohne Arzt überbrücken. Er führte Klinik und Leute durch die Krise, als es nach der Zeit ohne Arzt und dann wegen der Zustände in unserem Land gar nichts mehr gab.«*

Zwei Jahre später fasst Markus Kalmes die Aktionen des Fördervereins unter der Überschrift »Fünf Früchte des Afrikaprojekts« zusammen.

St. Luke's Mission Hospital

- **Renovierung und Ausstattung des Krankenhauses** (Gebäude, Medikamente, medizinische Geräte, Krankenwagen, Diesel- und Benzinvorräte), Finanzierung eines Infusionsprojekts, Finanzierung des Aids-Therapie-Projekts, Aufbau und Unterstützung einer Näh- und Hebammenschule. Für Angestellte: Krankenversicherungsleistungen, Fonds für Schulgeld, zinslose Darlehen, Bau von Personalunterkünften, Sport und Freizeitaktivitäten. Finanzielle Unterstützung der Mission St. Luke's (Renovierung Pfarrhaus und Kirche).
- **Schulprojekt in Daluka, Ulutho, Mafa, Regina Mundi, Somgolo:** Renovierung und Bau von Schulgebäuden und Lehrerunterkünften, Ausstattung der Schulen mit Möbeln, Lehrbüchern und Unterrichtsmaterial, Essensversorgung
- **Patenschaften für Schulkinder im District Lupane:** Übernahme des Schulgelds, Schulmaterial, Uniform, Verpflegung, medizinische Versorgung.
- **Simbabwe-Aids-Waisen-Projekt (früher Caba – Children affected by Aids):** Unterstützung von Haushalten, die von Kindern oder Großeltern geführt werden. Die Zahl der Waisenkinder steigt stetig. Ein Kinderhaushalt ist eine Familie von Waisen, in der das älteste Waisenkind (meist zwischen 13 und 15 Jahren) die jüngeren Geschwister versorgt. Ein Großelternhaushalt ist ein Haushalt, in dem der Kopf der Familie eine Großmutter oder ein Großvater im Alter ab 65 Jahren ist. Kinderhaushalte werden in einem Pilotprojekt ganzheitlich unterstützt und versorgt.

- **Landwirtschaftshilfe in Dörfern in der Nähe des St. Luke's-Hospitals** mit vielen Aids-Waisen, die in Familien der Verwandten leben
- **Finanzielle Unterstützung des Gartenanbauprojekts** zur Selbstversorgung, Gartenanbauprojekt für das Krankenhaus St. Luke's zur Selbstversorgung.

Das ist nur eine Momentaufnahme, weil sich alle Projekte den geänderten Verhältnissen angepasst haben. Den landwirtschaftlichen Betrieb für das Krankenhaus hat übrigens der deutschstämmige Farmer Gerhard in die Hand genommen. Alle diese Aktionen wären nicht möglich gewesen, wenn nicht auf der einen Seite Anne und Oliver Schales und der enge Kreis der Freunde ehrenamtlich und doch professionell die enormen organisatorischen Herausforderungen gemeistert und in der Öffentlichkeit für das Afrikaprojekt geworben hätten, und wenn es auf der anderen Seite nicht die Spendenbereitschaft der etwa fünfhundert Mitglieder, einiger großer Sponsoren und zahlloser weiterer Menschen gegeben hätte, die vom Sinn und Wert dieser Hilfen überzeugt gewesen wären, weil sie den integren Arzt Hans Schales schon vor dem Weggang nach Zimbabwe erlebt hatten oder von ihm durch Zeitung, Fernsehen und andere Aktionen erfuhren.

So konnte viel Geld in die einzelnen Projekte gesteckt werden. Ein Tableau in der Zeitschrift »Salibonani« vom Juni 2013 führt erstaunliche Zahlen zu den Einnahmen und Ausgaben des Vereins auf: Bis zu dem Berichtszeitpunkt sind an Spenden, Beiträgen der Mitglieder, Geldern für Patenschaften und Einnahmen aus Aktionen 4,3 Mio. Euro zusammengekommen. Sie sind zu 97 Prozent den Förderprojekten zugeflossen, weil die administrativen Ausgaben wenig mehr als 3 Prozent ausgemacht haben. Das ist ein Verhältnis, mit dem keine

Bei allem Elend im Land – Hans hat das Lachen nicht verlernt.

Oben: Beratung im Labor

Unten: Kleine Geschenke fördern die Heilung.

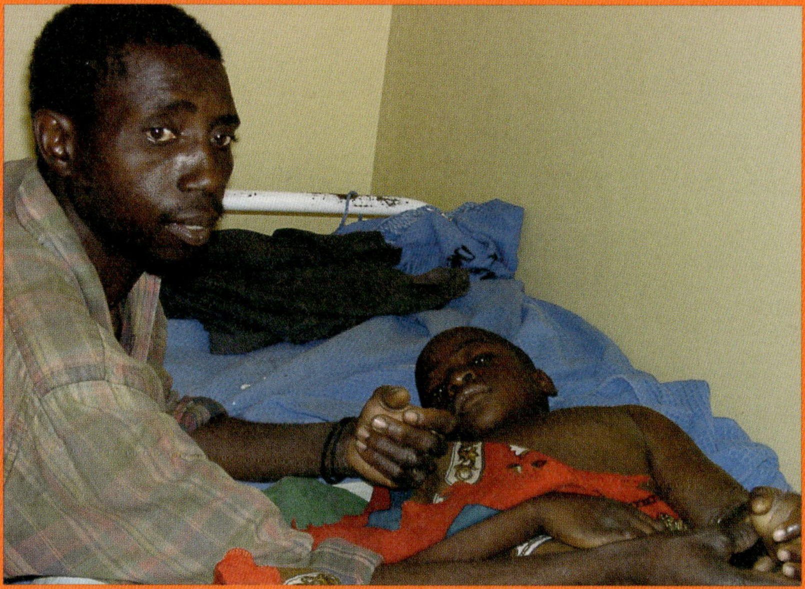

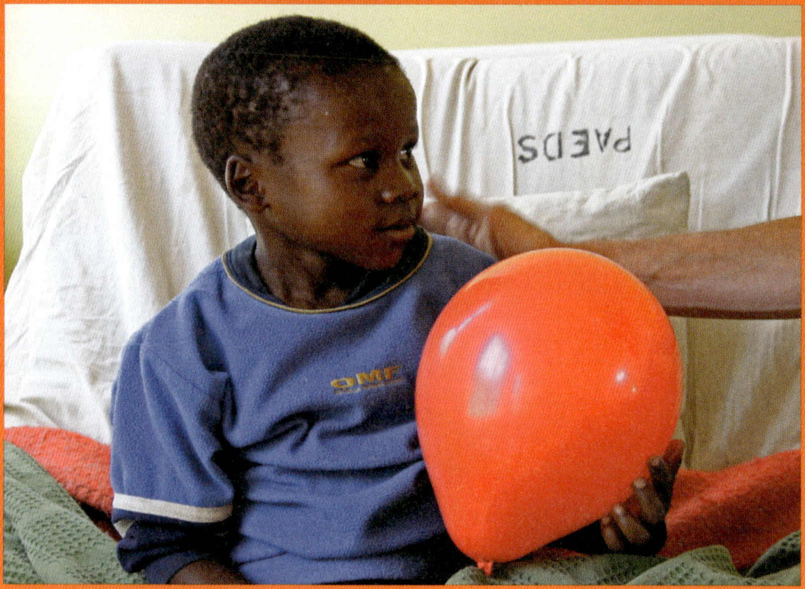

Auch eine Hand allein kann heilen.

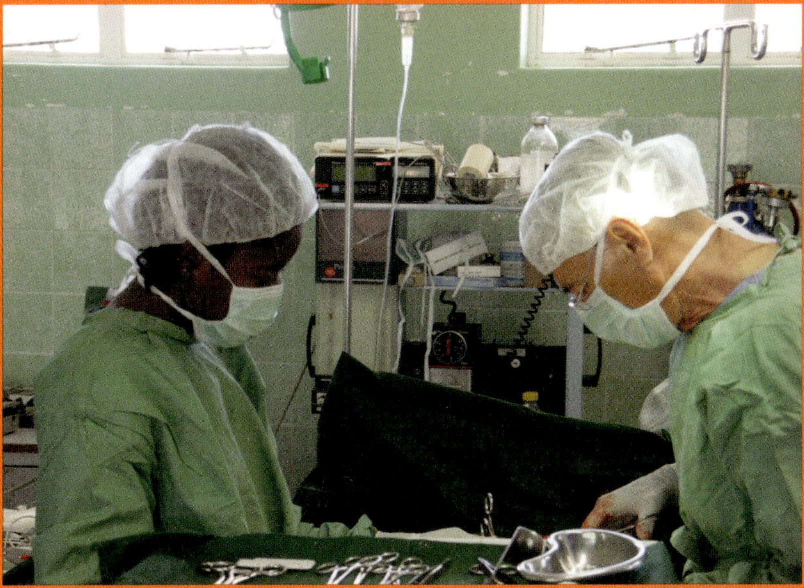

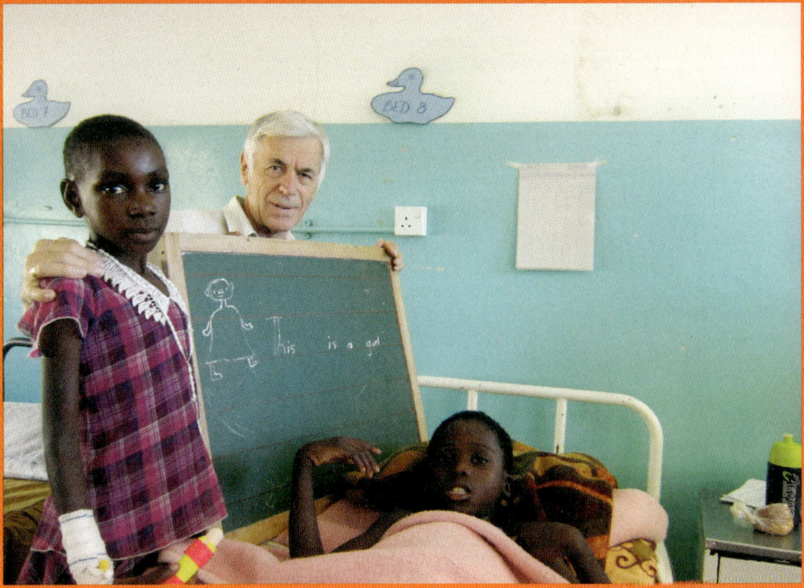

Oben: Als Allround-Chirurg bei der Arbeit

Unten: Unterricht am Krankenbett

andere kirchliche oder gemeinnützige Organisation mithalten kann. Um Hans Schales nicht zu lange aus dem Blick zu verlieren, soll die Schilderung von zwei Aktionen genügen.

Hilfslieferungen im Container

Durch diese Aktion werden über die Jahre Container voller Hilfsgüter nach St. Luke's geschafft – eine ungeheure Leistung beim Sammeln und Beschaffen der Güter und bei der weiteren logistischen Abwicklung. Einstieg war eine von Oliver Schales an der Homburger Schule Johanneum durchgeführte Aktion, Hilfspakete im Gewicht von zwei Kilo mit Sportausrüstung und Geschenken für Kinder in St. Luke's auf die weite Reise zu schicken. Die Aktion »Container« beschreibt Dr. Reiner Flöthner als Projektleiter in »Salibonani« im November 2008:

»Nach einer Paketaktion der Schüler des Johanneums Homburg im Jahr 2001 wurde die Idee geboren, Hilfsmittel in größerem Umfang nach Zimbabwe in das St. Luke's Hospital zu schicken. Ein erster Container mit Hilfsgütern verließ dann im gleichen Jahr das Johanneum. In den nächsten Jahren wurden weitere Container mit medizinischen Hilfsgütern, Medikamenten, Kleidern und Nahrungsmitteln zusammengestellt. Der letzte Container ging im November 2007 auf die Reise, wieder vollgepackt mit Medikamenten und medizinischen Gerätschaften wie einem Röntgengerät, benötigt bei der Behandlung von Frakturen, einem leistungsfähigen Ultraschallgerät, Laborgeräten und Medikamenten. Auch zahlreiche Kisten mit gesammelten Kleidern enthielt dieser Container.

Mitte November werden nun Container sieben und acht ihre Reise nach Zimbabwe antreten. Einer dieser Container enthält wiederum dringend benötigte Hilfsgüter für das Krankenhaus wie Bettwäsche, Kleidung für die

Patienten, Moskitonetze, Fieberthermometer und Reinigungsmittel. Auf die dringende Bitte von Hans Schales und dem Verwaltungsleiter des Krankenhauses Gordon Hlatwayo, die von einer weiteren dramatischen Verschlechterung der Ernährungslage berichten, wird der zweite Container ausschließlich Lebensmittel, vor allem mehrere Tonnen Maismehl enthalten.«

Der Versand von Containern in die weite Welt verlangt Spezialkenntnisse, die die Firma von Philipp Muck im saarländischen Ommersheim mit ihren einschlägigen Erfahrungen ohne Entgelt zur Verfügung stellt. Die Auflistung aller Gegenstände für den Zoll von Zimbabwe ist eine weitere Aufgabe, die Anne Schales übernimmt. Der gefüllte und versiegelte Container wird per Truck nach Rotterdam gebracht, von dort nach Durban verschifft, der Hafenstadt Südafrikas am Indischen Ozean, weiter auf der Bahn nach Bulawayo in Zimbabwe, wo die Hürden des Zolls überwunden werden müssen, und schließlich nochmals auf dem Truck die 140 Kilometer nach St. Luke's. Die Ankunft eines Containers schildert Hans Schales:

Der Container ist ausgeladen! (12. März 2002). *»Heute morgen um 7:40 Uhr bekam ich von unserem Agenten in Bulawayo die Nachricht, dass der Container seit gestern in der Marianhill Mission steht und um 8:30 Uhr vom Zollbeamten abgenommen wird. Nach einer Kurzvisite im Krankenhaus sind unser Verwalter, drei starke Arbeiter des Krankenhauses und ich mit 130 km/h nach Bulawayo gefahren. Mit etwas Rückenwind haben wir die 140 km in einer Stunde und 15 Minuten geschafft. Der blaue, zwölf Meter lange Container, der Homburg am 10. Januar verlassen hatte, stand leibhaftig in praller Sonne auf dem Gelände der Missionsstation. Unser Agent und der Zollbeamte erwarteten uns schon. Es war Gott sei Dank nicht der muffige Zollbeamte, den wir vergangene Woche im Containerbahnhof kennengelernt hatten. Das Siegel wurde aufgebrochen, die Türen geöffnet, und als Blickfang begrüßte uns ein Kinderwagen, gefüllt mit Karlsberg Urpils und dem Glücks-Hufeisen.*

Zehn Personen haben den Inhalt des Containers in ca. vier Stunden entladen und diebstahlsicher in einem Studentenheim der Missionsstation verstaut. Der Zollbeamte, der Agent und drei Arbeiter der Mariannhiller haben tatkräftig Hand angelegt, ein Pickup stand uns zur Verfügung. Nach den ersten sechs Metern hatten wir eine halbstündige Mittagspause, in der wir Gäste der Mariannhiller Missionare waren. Bruder Alois hatte uns die schweißtreibende Arbeit mit kühlen Getränken erleichtert. Pater Alfons hat uns eine junge Kobra gezeigt, die er nicht weit vom Container gefangen hatte, um sie danach wieder in die Freiheit zu entlassen. Der Zollbeamte ließ sich einige Pakete öffnen, um sich zu überzeugen, dass wir keine Handelsware einführen. Alle Helfer, einschließlich dem Zollbeamten, waren glücklich, als sie sich zum Dank ein paar Kleidungsstücke und ein Paar Schuhe aussuchen durften. Alle Beteiligten, selbst der 89-jährige Pater Odilo, der das St. Luke's Krankenhaus 1950 aufgebaut hat, staunten über die Leistung der saarländischen Freunde. Wir, die wir beim Ausladen so geschwitzt haben, sagen jetzt schon allen, die diese Containeraktion so tatkräftig unterstützt haben, herzlichen Dank. Herzlichen Dank im Namen der Armen und Hilfsbedürftigen, die in den kommenden Wochen ganz gezielt unterstützt werden.«

Die Freude setzte sich fort, als der Container in St. Luke's angekommen und ausgeladen wurde.

»Die zehn Stunden Auspacken waren für mich Nachhilfestunden in Nächstenliebe! Ich scheue mich nicht zu gestehen, dass mir immer wieder die Tränen gekommen sind, als ich all die wunderbaren Spenden in den Händen hielt: Brandneue, neuwertige, gut erhaltene Markenartikel, mit Liebe ausgesucht, sorgfältig verpackt, dazwischen die schönen Spielsachen, die aus den deutschen Kinderhänden jetzt den afrikanischen Kinderherzen übergeben werden. Die wertvollen Medikamente, die wohlüberlegt ausgesucht waren. Ich hab ja schon in meinem weihnachtlichen Heimaturlaub gestaunt, mit welch einer Begeisterung die Containeraktion im und um das Johanneum herum

bei widrigen Wetterverhältnissen begleitet wurde. Hier unter der afrikanischen Sonne bekommen all die kleinen und großen Geschenke erst ihren richtigen Glanz. Ich bin glücklich, dass ich dank der heimatlichen Unterstützung ein wenig beitragen kann, Not zu lindern, wo sie am größten ist.«

Die beiden nächsten Container enthielten Material, um vor Ort eine sichere Versorgung der Klinik mit Strom und Wasser aufzubauen, der nächste dann wieder medizinisches Material. Das landete im Krankenhaus und in der Krankenhausapotheke, während Kleider und Spielsachen möglichst gerecht und sinnvoll verteilt wurden, eine angenehme, wenn auch nicht einfache Aufgabe. Als sich die Währungs- und Versorgungssituation in Zimbabwe verbesserte, waren weitere Container-Sendungen nicht mehr notwendig. Was das Krankenhaus benötigt, kann nun mit den Mitteln des Afrikaprojekts im Land beschafft werden. Das stärkt die kleinen Unternehmen vor Ort und entspricht dem Ziel des Fördervereins, sich zurückzunehmen, um Selbsthilfe und Selbständigkeit im Land zu stärken.

Patenschaften für Schulkinder und Aids-Waisen

In den ersten Jahren der Arbeit von Hans Schales im Krankenhaus St. Luke's, als Oliver und Anne häufiger bei ihm sein konnten, waren sie es, die die Situation der Dorfschulen im Umkreis von St. Luke's erkundeten. Zimbabwe hat aus den Kolonialzeiten das englische Schulsystem beibehalten, nach dem die Kinder im Alter von fünf bis zwölf Jahren für sieben Jahre eine Primarschule besuchen müssen. Der Unterricht wird in englischer Sprache erteilt. Für einen kleinen Kreis der Kinder folgen sechs Jahre an einer Sekundarschule mit dem Ziel der Hochschulreife. Die Schüler sollen eine Schuluniform tragen und müssen ein Schulgeld zahlen. So gering es auch ist, überfordert es die armen Familien, vor allem bei Kindern, die beide Eltern durch Aids verloren haben.

Hier hat die Aktion »Patenschaften« angesetzt, bei der die Paten Schulgeld, Schuluniform und Lernmittel finanzieren. Hinter dieser Aktion steht die Einsicht, dass für das Gesundheitswesen im Distrikt Lupane, dem Einflussbereich von St. Luke's, auch die Schulbildung wichtig ist. Im Jahr 2009 berichtete Manfred Voltmer als Redakteur der SZ über das Patenprojekt, bei der Hiltrud Muche als Verantwortliche die Förderung von 800 Patenkindern überwacht. Deren Zahl ist weiter bis auf fast 1.200 Kinder in den dreizehn Schulen des Distrikts gestiegen. Wie schwer es von Anfang an war, die richtigen Empfänger dieser Hilfe herauszufinden und die Hilfen zu kontrollieren, davon zeugt ein Bericht von Anne Schales im Herbst 2002. Anne, so zart und einnehmend sie erscheint, hat diese Aufgabe zupackend und resolut in die Hand genommen.

»Gestern Morgen sind wir kurz entschlossen nach dem Frühstück nach Mafa gefahren, um mit dem Headmaster über die Patenschaften zu sprechen. Auf dem Weg dorthin haben wir uns mit zwei Frauen unterhalten, die für die Mafa-Kirche Steine sammeln. Sie haben Hunger und sind entkräftet. Wir werden für die Zeit der Bauarbeiten Porridge oder Maismehl in der Stadt organisieren, damit sie vor der Arbeit am Mittwoch und am Samstag kochen und etwas essen können.

Bei dem Haus des Lehrers Alexius Mahlangu haben wir gehalten. Er wie auch seine Frau sind mit Vorsicht zu genießen. Sie waren an den Zwistigkeiten in Mafa beteiligt und sind sehr egoistisch. Die Frau hat versucht, Sachen aus dem Container für sich abzuzweigen. Ich habe sie noch nie zuvor gesehen, sie macht aber so, als kenne sie mich und will mir schon Briefe geschrieben haben. Da sie uns so viel wirres und unglaubwürdiges Zeug erzählt hat, sind wir noch weiter zu der Hütte des alten Mannes gefahren, der uns damals an der Straße abgepasst hat und uns die Stelle mit der Baumkirche gezeigt hat. Er ist nach Meinung von Pater Sipho der Einzige, der ehrlich ist und dem man trauen kann. Er spricht englisch, ist sehr freundlich und natürlich wurde gleich die ganze Familie versammelt.

Uns ist aufgefallen, dass zwei Jungs im Schulalter dabei waren. Wieso? Diese beiden sollten in der Zwangendabe Secondary School sein. Da der Vater es sich aber derzeit nicht leisten kann, die Jungs in der Boardingschool unterzubringen und ihnen Geld für das Essen zu geben, müssen sie jeden Tag den Weg von Mafa nach Daluka zurücklegen, um abends zu Hause etwas von dem bisschen Essen der anderen mitzubekommen. Sie gehen morgens um 4 Uhr los, kommen in der Schule um 7:30 Uhr an und sind abends um 19:30 Uhr wieder zu Hause, dann aber viel zu müde und hungrig, um noch Aufgaben zu machen. Deshalb sind ihre Leistungen in der Schule entsprechend schlecht. Der eine Junge ist derzeit krank (Mandelentzündung), deshalb waren sie an diesem Tag nicht in der Schule. Die beiden wurden dann aus dem Nichts heraus unsere ersten neuen Patenkinder. Heute war der Vater hier in St. Luke's, nachdem er mit den Jungen in der Schule gewesen war und dem Headmaster angekündigt hatte, dass er das Geld für die Unterkunft aufbringen kann. Die Schulgebühren waren schon gezahlt. Bei ihm habe ich ein sehr gutes Gefühl.

Dann endlich sind wir in Mafa angekommen. Dort steht der Rohbau der Schule. Das Dach ist fertig, es sind aber keine Arbeiter zu sehen. Mahlangu kam gleich angesprungen. Er saß mit seiner Klasse unter einem Baum, damit die Klasse 7 nicht gestört wird, die in dieser Woche ihr Examen schreibt. Er hat sich wieder mit Freundlichkeit überschlagen und dann den Headmaster gerufen. Mit ihm haben wir die Patenschaften angesprochen. Er wird eine Liste zusammenstellen und nächste Woche fahren wir wieder hin.

Ach ja, warum waren keine Arbeiter vor Ort?? – Die Erklärung: Es fehlt am Geld für die Bauarbeiter für den Fußboden und die Fassaden. Ich bin aus allen Wolken gefallen. Aber Pater Sipho sagt, dass die Angebote nur für das Material gegolten haben, und das ist bezahlt. Die Dorfgemeinschaft wollte sich eigentlich an den Kosten beteiligen, kann das aber jetzt nicht, weil kein Geld da ist. Deshalb ruht momentan alles. Ich habe klargestellt, dass wir innerhalb des Projekts die Kosten für alle Ausgaben zur Fertigstellung des Gebäudes übernehmen, damit es endlich fertig wird und genutzt werden kann, wenn die Regenzeit kommt. Wenn morgen die Bauleute anfangen, ist es wahrscheinlich in einer Woche fertig.

Am Nachmittag habe ich die restlichen Spielsachen, die sich hier im Wohnzimmer getürmt haben, gesichtet und zum Priesterhaus gebracht. Bei Schwester Claret ist jeden Samstag die Jugend aus dem Umkreis, teilweise auch von den Außenstationen, zum Religionsunterricht und Essen beisammen. Da sind die Spielsachen Gold wert, das eine oder andere Brettspiel auch für die Erwachsenen! Danach habe ich einen Abstecher in den Busch gemacht, von Downtown St. Luke's einfach rechts in den Busch hinein, um eine Frau zu besuchen, die sich in der St. Luke's Church engagiert und für Schwester Claret Bettvorleger aus Stoffresten knüpft.

Heute morgen bei meiner Zwieback-Visite im Krankenhaus finde ich ein Kind im Isolierzimmer vor. Sein Vater begrüßt mich mit sorgenvollem Gesicht: ›Inyoka, Inyoka!‹ (Schlange) und zeigt mir den Arm der sechsjährigen Tochter, die völlig apathisch im Bett liegt. Eine Puffotter kam nachts in die Hütte und hat das Kind im Schlaf in den Unterarm gebissen. Es ist nirgendwo Gegengift aufzutreiben, die Anrufe allerorts den Tag über waren alle vergebens! Der Zustand des Kindes wechselt von Apathie zu Unruhe und von Kälte zu Hitze. Arm und Hand sind stark angeschwollen. Seit heute Abend bekommt es Infusionen. Wenn das Mädchen die Nacht übersteht, hat es eine Chance zu überleben. So was ist einfach furchtbar. Andere Kinder auf der Station, denen es wieder besser geht, lachen und toben tagsüber und freuen sich über die Spielsachen.

Heute bin ich gezielt zu einzelnen Patenkindern gefahren, die Schwester Claret und Pater Sipho bekannt sind, diesmal bei der St. Paul's Primary und Secondary School. Vier der sechs ins Auge gefassten Kinder waren in der Schule, zwei Jungs aber nicht. Weiterfahrt zur Hütte der Familie, um mit den Eltern zu sprechen. Die ganze Familie war versammelt, auch die zwei Jungs. Alle saßen in der Hütte und haben Bast für Strohmatten geflochten. Das ist ihre einzige Einnahmequelle.

Die Jungen gehen nicht mehr in die Schule, weil kein Geld da ist. Wir haben die Patenschaft besprochen, und als ich Fotos machen wollte, fiel uns auf, dass einer der Jungen nicht aufstehen konnte. Auf die Frage, was los sei, haben wir erfahren, dass er vor zwei Wochen vom Baum gefallen ist und seither nicht mehr laufen kann, das rechte Bein … – Wenn wir nicht gefragt hätten, hätten sie nichts gesagt und um nichts gebeten. Wahrscheinlich haben sie Angst, weil sie das Krankenhaus und den Transport nicht bezahlen können. Der Junge scheint auch eine Behinderung zu haben, ist angeblich aber intelligent, müsste also in eine Spezialschule. Er ist 18 Jahre alt, sieht aber aus wie ein Kind von 13 Jahren. Wir haben Vater und Sohn direkt ins Auto geladen, um sie ins Krankenhaus zu bringen. Der Junge hat übrigens die Hüfte gebrochen und wird am Donnerstag nach Mpilo oder Bulawayo verlegt werden.

Heute war also ein durch und durch erfolgreicher und erfahrungsreicher Tag. Unser Vorgehen ist absolut richtig, so ›treffen‹ wir genau die richtigen Kinder und Familien. Etwas Vertrauen müssen wir trotzdem in die einzelnen Familien setzen, eine hundertprozentige Sicherheit werden wir nie bekommen. … Ich könnte noch weiterschreiben, aber hier im Wohnzimmer steht die Luft trotz Ventilator und ich bin müde, gehe noch einmal kurz vor die Tür und dann in die Falle.«

Trotz dieses Einsatzes, anfangs von Anne Schales, später von Hiltrud Muche, und trotz der Erfolge stößt das Projekt mit der Übernahme der Patenschaft für ausgewählte Kinder am Ende an seine Grenzen.

Gordon Hlatwayo beschreibt in »Salibonani« (Juni 2013), dass wegen der zahllosen Anfragen, der Anliegen in jedem Einzelfall und der notwendigen Kontrolle die administrative Verantwortung nicht mehr tragbar war. Im Jahr 2012 ist deshalb ein »Patenfonds« geschaffen worden, der weiter hilfsbereite Spender findet und aus dem gestaffelte Hilfen an Kinder geleistet werden, für die Schuluniform der Grund- und Sekundarschüler und die Schulgebühren für die Grundschüler. Beim Besuch einer weiterführenden Schule werden die Gebühren nur zu einem Teil übernommen, um auch die Eltern zu beteiligen, sofern sie es schaffen. Bei Studierenden wird die Hilfe noch weiter reduziert. Nach den Erfahrungen der Lehrer bemühen sich die Eltern seither stärker um die Lernfortschritte ihrer Kinder.

Der »Brückenpfeiler« in der alten Heimat

Es würde zu weit führen, alle Aktionen und Hilfen zu beschreiben, die über die Brücke der Hilfe vom Förderverein zu Hans Schales und dem Krankenhaus St. Luke's reichen. Nachdem die Funktionsfähigkeit der Klinik und dann auch – durch die Arbeit von Frank Burger als wichtigem Helfer – die Strom- und Wasserversorgung gesichert war, galt es, die Verantwortung für das Krankenhaus in einheimische Hände zu legen und der Unterstützung der Dorfschulen ein größeres Gewicht zu geben, mit dem Bau und der Renovierung von Schulgebäuden und Klassenzimmern, der Beschaffung von Schulmöbeln, dem Bau von Lehrerunterkünften und auch von Toilettenanlagen.

Es wäre falsch zu sagen, dass alle diese Aktionen an Hans Schales vorbeigingen. Ohne ihn gäbe es von vornherein nicht die anhaltende Hilfs- und Spendenbereitschaft in der alten Heimat. Hans ist dort so präsent wie in St. Luke's. Wer – wie ich – während seines Berufslebens in einem Ministerium erfahren hat, wie sich Politiker abmühen, unterstützt von ihren Presseleuten ab und zu wenigstens mit einer kurzen Notiz oder mit einem kleinen Foto in die Tageszeitungen zu kommen, kann nur staunen, wie bereitwillig und ausführlich Radio, Fernsehen und Presse im regionalen Raum über Hans Schales und das Afrikaprojekt berichtet haben.

Die Verleihung des Bundesverdienstkreuzes im Jahr 2006 ist eher in aller Stille abgelaufen. Weit größer war die Aufmerksamkeit im Land, als zwei Jahre später die SR3 Saarlandwelle in einer groß angelegten Aktion nach dem »größten Saarländer« fragte, der wichtigsten und prägendsten Persönlichkeit des Landes, und fünfzig Personen aus Gegenwart und Vergangenheit zur Auswahl stellte, eine buntgemischte Truppe von Politikern, Schriftstellern, Sportlern, Kirchenleuten und Künstlern. Viele tausend Stimmen sind abgegeben worden. Der Sender hat nur die Namen der zehn Erstplazierten veröffentlicht, unter denen zum Beispiel der Name eines im Saarland als »Oskar« bekannten Politikers nicht zu finden war. An erster Stelle stand Hans Schales, gefolgt von der Sängerin Nicole, von Willi Graf, Mitglied der »Weißen Rose« und wegen seines Widerstands gegen die NS-Herrschaft hingerichtet, und von dem Publizisten Peter Scholl-Latour. In dem nachfolgenden Fernseh-Interview ließ Hans deutlich erkennen, dass ihm die Nominierung fast peinlich war. Es war ihm zu keiner Zeit lieb, in den Vordergrund gestellt zu werden, andererseits spielte er aber mit, um sein Anliegen in die Öffentlichkeit zu tragen. Mit dem Prädikat eines »Besten« kann er nichts anfangen, besser gefällt ihm, wie er mir gesagt hat, das Wort »Frontmann«, weil er das, was die vielen Helfer und Spender im Saarland anstreben, vor Ort zu verwirklichen hilft. Was er nie scheut, ist die auf ihn gerichtete Kamera; da zeigt sich, dass er sich seiner Wirkung bewusst ist.

Ein Jahr zuvor trug bei einer Umfrage der »Saarbrücker Zeitung« nach »Saarlands bestem Verein« der Förderverein Afrikaprojekt Dr. Schales den Sieg davon. Diese Wertschätzung war mit Händen zu greifen, als im Jahr 2008 der siebzigste Geburtstag von Hans Anlass einer großen Feier in der Stadthalle von St. Ingbert war – bei einer Riesenschar an Gästen und einem großen Programm eine organisatorische Meisterleistung von Oliver Schales. Hier ein Auszug aus dem Bericht von Marcus Kalmes in SZ:

»Gelebte Nächstenliebe in Afrika – Dr. Hans Schales und der Förderverein des Afrikaprojektes feiern Geburtstag

Die Rechnung für die Feier ging auf ihre Kappe. Das stellten Dr. Hans Schales und sein Sohn Oliver klar. Sie hatten am Montag nach St. Ingbert geladen, feierten mit 600 Gästen ›70 Jahre Hans Schales – sieben Jahre Afrikaprojekt‹.

›Ohne das Afrikaprojekt wären Tausende Kinder gestorben.‹ Pater Charles' Rede in der Ingobertushalle in St. Ingbert ging unter die Haut. ›Sie sind nicht gestorben. Dank Ihrer Hilfe‹, sagte der Mann aus Simbabwe zu 600 Gästen. Schales, Ex-Chefarzt am Dudweiler Krankenhaus, feierte seinen 70. Geburtstag (6. Februar) nach. Gleichzeitig blickte der Förderverein Afrikaprojekt Dr. Schales auf sieben Jahre zurück. ›Wir feiern den Geburtstag eines Mannes, der immer für andere da war. Er ist eine große Persönlichkeit‹, sagte Ministerpräsident Peter Müller in seiner Festrede. Schales' Engagement in Afrika sei ein Beispiel für gelebte Nächstenliebe.

Der Jubilar veranschaulichte: ›Die Lebenserwartung in Simbabwe beträgt 35 Jahre. Ich bin nun 70 Jahre alt geworden – keine Kunst, wenn man einen Schutzengel hat und nicht in Simbabwe geboren worden ist.‹ – ›Als unser Vater nach Simbabwe ging, sagten wir, dass wir ihn unterstützen werden,‹ sagte Oliver Schales, Vorsitzender des Vereins. Der Verein setzte sich Grenzen, nahm das Flächenmaß des Saarlandes als Maßstab. ›Wir haben es um das St. Luke's Hospital gelegt, um das Projekt überschaubar zu halten.‹«

Ansprachen, afrikanische Musik, eine Bilderschau, die zu meiner Freude bis zur Jugendzeit von Hans und unserer Vespa-Reise zurückging, und natürlich ein großzügiger Spenden-Scheck der Landesregierung. So wie ich haben viele Hans Schales auf der Bühne der Stadthalle oder bei einer der vielen anderen Veranstaltungen gesehen: Mit bescheidenem Lächeln, als wollte er Abbitte für all den Aufwand leisten, mit seinem gut geschnittenen Gesicht und dem vollen weißen Haar, auch im fortgeschrittenen Alter noch, was man als einen gut aussehenden Mann bezeichnet. Die Spuren des Älterwerdens zeigen sich erst beim Näherkommen im Gesicht und in seiner Haltung, für die er das unschöne, aber nachvollziehbare Wort des »Chirurgenbuckels« verwendet. Dazu die freundliche, belegte Stimme und seine Sprechweise, die ihre Herkunft aus dem Saarland nicht verleugnet, in bedächtiger Rede, die Worte wägend, so dass die Suche nach der verständlichen Erklärung zu spüren ist – kurzum ein Mensch, dem man nichts Falsches und Böses zutraut, zu Recht.

Das soll genügen, um die Unterstützung aus der Heimat, den saarländischen Pfeiler zu beschreiben, der die Brücke der Hilfe mitträgt. Zur Einstimmung auf weitere Bilder aus Zimbabwe eine weitere Lektion der Ndebele-Sprache, die denkbare Begrüßung eines Patienten durch »Doctor Charles«:

Salibonani, kunjani?	*Guten Tag, wie geht es Ihnen?*
Livuke njani?	*Haben Sie gut geschlafen?*
Siyabonga /Ngiyabonga	*Danke!*
Kubuhlungu ngaphi?	*Wo tut es weh?*
Ngifuna umdoliki, uxolo	*Ich brauche einen Dolmetscher, tut mir leid*

Dem vom Förderverein finanzierten, in Zimbabwe gedruckten und verteilten Kalender 2014 »Education and Health Care in Matabeleland North« mit Texten zur Gesundheitsaufklärung in Englisch und in Ndebele entnehme ich einen ganzen Satz. Zunächst in Englisch: »Teaching Children in their mother tongue first helps them develop their ability to think and express themselves.«* Und nun in Nedebele: »Ukufundisa abantwana ngolimi lukamama kuyabancedisa ukukhulisa ukucabanga lokukhipha imibono yabo.« Hochachtung vor den Missionaren, die diese Sprache gelernt und auszusprechen gelernt haben.

* »Kinder in ihrer Muttersprache zu unterrichten, hilft ihnen zu erst einmal, ihre Fähigkeit, zu denken und sich selbst auszudrücken, zu entwickeln.«

Hans Schales und die Kranken von St. Luke's

Über das Kommen und Gehen einheimischer und ausländischer Ärzte in St. Luke's könnte, wie man so sagt, ein Buch geschrieben werden. Es wäre ermüdend und ernüchternd zugleich. Immer wieder hat Hans Schales eine nachhaltige Entlastung erhofft, auf das Nachwachsen engagierter einheimischer Ärzte gesetzt. Und immer wieder ist er enttäuscht worden. Die zeitweise Mitarbeit eines indischen Arztes war eine einzige Katastrophe für Hans und die Klinik. Dagegen war er begeistert, als es im Jahr 2008 gelungen war, gegen alle Widerstände und Prophezeihungen der einheimischen Internistin Dr. Rudo Gwini die medizinische Verantwortung für St. Luke's zu übertragen. Um so bitterer war es für ihn, als diese gute Lösung nach einiger Zeit vom Erzbistum in Bulawayo hintertrieben worden ist.

Einer der deutschen Ärzte, die Hans Schales zeitweise im Krankenhaus St. Luke's unterstützten, war Andreas Lauer, damals angehender Arzt, heute Chirurg und als Ehemann von Anne Schales der Schwiegersohn von Hans. Er war im September 2003 für drei Wochen in Zimbabwe und hat Tag für Tag seine Erlebnisse und Erfahrungen aufgeschrieben. Neben den fachlichen Notizen, festgehalten in der Kürzelsprache der Mediziner, stehen Beobachtungen zur Lage im Land und zum Betrieb im Krankenhaus. Sie zeigen, wie ihn die in Deutschland undenkbaren Verhältnisse aufwühlen. Er erlebte fassungslos, mit welcher Leidensfähigkeit die Patienten, oft dem Tod geweiht, ihr Schicksal ertrugen, und staunte, wie es Hans als dem leitenden Arzt gelang, inmitten all der Not die Ruhe zu bewahren.

»Ich bewundere die Ruhe, die Hans ausstrahlt. Kein lautes Wort gegenüber Patienten und Personal. Mir fällt auf, dass Hans bei der Visite jeden Patienten berührt und ihm, wenn er ihn nicht untersucht, nur so ›die Hand auflegt‹. Er bleibt immer ruhig, freut sich, wenn Patienten, vor allem Kinder, mit ihm ein Lächeln tauschen oder über einen Scherz lachen. So, als er einmal in der Visite in der Maternity (der Geburtshilfestation) nach einem Neugeborenen schaut, das unter der Bettdecke liegt, es aufdeckt und seine Überraschung mimt: ›Oh, it is a black one!‹ (›Sieh mal an, das ist ja ein schwarzes Baby!‹) Hans ist bei allem Elend zuversichtlich, selbst wenn die Krankheitsbilder ihn kaum dazu ermutigen.«

An dem Tag dieser Notiz hat in St. Luke's der verzweifelte Vater eines Kindes vorgesprochen. Sein Sohn, der sich bei einem Sturz von einem Scotch cart verletzt hatte, starb im Zentralkrankenhaus von Bulawayo nur deshalb, weil es dort die notwendigen Medikamente nicht gab. Dieser Mann sah einen fünfstündigen Fußweg in seinen Kral vor sich, um seiner Frau die traurige Nachricht zu überbringen. Hans konnte ihm nur helfen, indem er ihn im Krankenhaus übernachten ließ und für den Transport zum Kral sorgte. Er versprach ihm, wichtiger noch, den toten Sohn nach Hause bringen zu lassen. Diese Aufgabe, schwer und bewegend, übernahmen Andreas und Anne. Mit dem von einem Zimmermann angefertigten Kindersarg fuhren sie in die Stadt, übernahmen die Leiche des Kindes und brachten sie zum Kral der Familie.

»Der Kral liegt weit ab, in einem schönen Tal. Es folgen auch für uns traurige Szenen. Zusammenbruch der Mutter, die in ein ›traditionelles Weinen‹ verfällt. Ich fühle mich verpflichtet, den Sarg zusammen mit den älteren Brüdern in das Haus zu tragen. Der Vater weint, ist aber doch gefasst und bemüht sich, uns trotz dieser schweren Stunde von ganzem Herzen zu danken. Mich rühren diese einfachen, offenen und leidenden Menschen. Der Tod ist ihr ständiger Begleiter, nur Hans und sein Krankenhaus, getragen vom Förderverein seiner Kinder, sind zum Hoffnungsträger des im Elend versunkenen Landes geworden.«

Hans übernimmt, wenn weitere Ärzte vor Ort sind, verständlicherweise die Fälle der Geburtshilfe. Davon berichtet er immer wieder, gleich schon zu Beginn seiner Tätigkeit (September 2001).

»Es ist vier Uhr nachts. Ich komme unter dem Sternenhimmel von der Entbindungsstation zurück. In der Nähe krähen die ersten Hähne. Eine Frau hat komplikationslos Zwillinge geboren. Am Vorabend kam bei einer Zwillingsgeburt das eine der beiden Kinder tot zur Welt. Vor zehn Tagen ist eine zwanzigjährige Frau kurz nach der Geburt ihrer Zwillinge plötzlich gestorben. Die noch unreifen Kinder werden von unseren Schwestern liebevoll betreut. Angehörige der Verstorbenen haben sich noch nicht gemeldet. In einer afrikanischen Volksweise erzählt eine Mutter ihren Kindern: ›Ich gehe an das Meer, um ein neues Baby zu holen. Die Reise ist gefährlich und ich werde

vielleicht nicht zurückkommen.‹ – Seit drei Monaten arbeite ich in St. Luke's; den Tod und das Leben habe ich noch nie so deutlich erfahren wie hier.«

Bedrückend für Hans ist die weite Verbreitung der Immunschwächekrankheit Aids, die das ganze Land plagt und die Bevölkerung dezimiert. Bei fast allen Patienten wird eine Blutkontrolle vorgenommen und neunzig Prozent dieser Patienten stellen sich bei diesem Test als HIV-positiv heraus. *»HIV/Aids«*, schreibt Hans, *»ist wirklich das Grundproblem, und dafür ist in unserem District noch keine strukturierte Arbeit geleistet worden. Es wird viel geredet und geschrieben, aber die praktischen Hilfen sind gleich null. Hoffentlich verliere ich wegen der bürokratischen Hindernisse nicht die Geduld wie so viele vor mir!«*

Bei Operationen trägt Hans zwei Paar Handschuhe übereinander, weil es zu leicht geschehen könnte, dass das Skalpell den Handschuh ritzt. Im Sommer 2005 ließ er sich selbst in Würzburg testen, weil er sich nicht mehr sicher war, und freute sich über das Ergebnis »negativ«. Es sind oft elende Gestalten, die sich ins Krankenhaus schleppen und denen nur noch das Sterben erleichtert werden kann. Er erzählt bei seinen Heimatbesuchen oft davon, wie geduldig die Kranken ihr Leid ertragen und wie gefasst sie dem Tod entgegen sehen. Das mag mit dem Einfluss der überkommenen Religion zusammenhängen, der Vorstellung von einer Welt, in der die Ahnen fortleben.

Wo so vieles in Zimbabwe »den Bach hinunter« gedriftet ist, hat sich wenigstens in Sachen Aids die Lage gebessert. Während anfangs die Medikamente, mit denen das Fortschreiten der Krankheit aufgehalten werden kann, zu teuer waren, um sie den vielen erkrankten Patienten zu geben, und sie nur einigen wenigen, etwa Angestellten des Krankenhauses, gegeben werden konnten, kann dank internationaler Hilfe, auch der von Bill Gates gegründeten Stiftung, nun auch in der Breite geholfen werden. Hans schrieb im Frühjahr 2004: *»Ich habe viel* *zu tun, denn die Regierung hat auch unser Krankenhaus ausgewählt, um mit der HIV/Aids-Behandlung zu beginnen. Die Medikamente werden von ausländischen Organisationen bezahlt, aber um die notwendige Ausstattung des Labors und um die zusätzlichen Arbeitskräfte müssen wir uns selbst kümmern. Wir wollen und müssen mitmachen, denn das Elend dieser Pandemie ist erdrückend.«*

Wieder vier Jahre später berichtete uns Hans, als wir ihn besuchten, von den Erfolgen der Aids-Behandlung, besonders glücklich darüber, dass die meisten Neugeborenen von HIV-infizierten Schwangeren gesund geboren werden. Eine andere Krankheit hat das Krankenhaus St. Luke's nur jahreszeitlich belastet: Malaria. So schrieb Hans im März 2004, also während der Regenzeit: *»Hier regnet es täglich ein- oder zweimal und es wird deutlich kälter (20 bis 24 Grad). Es ist alles grün und die Bauern freuen sich auf die Maisernte. Im Krankenhaus häufen sich aber jetzt die schweren Malariafälle.«* Und er ergänzte zwei Wochen später: *»Die gute Regenzeit hat in diesem Jahr die Malaria ungewöhnlich stark zum Ausbruch gebracht. Die Stationen sind überbelegt mit schweren Verläufen und die Zahl der Patienten, die zu spät zur Behandlung kommen, steigt. Auch darin zeigt sich der wirtschaftliche Niedergang Zimbabwes. Die Hütten konnten vor der Regenzeit nicht wie früher mit Insektiziden besprüht werden, die medizinischen Außenstationen sind wegen Personalmangels nicht mehr besetzt, die Telefone funktionieren nicht mehr; die Ambulanzwagen werden nicht mehr repariert, außerdem besteht wieder Treibstoffmangel. Gestern und heute waren wir nach einem Gewitter ohne Strom. Ich musste einen Kaiserschnitt beim Schein von zwei Taschenlampen durchführen.«* Dann erwischte es auch Hans, denn er schrieb wieder zwei Wochen später: *»Am Wochenende habe ich meine erste zimbabwische Malaria kuriert, sie war Gott sei Dank bei mir glimpflich verlaufen.«*

Glimpflich verlief Ende des Jahres 2008 auch die Cholera-Epidemie, die, von Robert Mugabe geleugnet, in Zimbabwe Tausende das Leben kostete. Das Krankenhaus St. Luke's war gewappnet und bereit, fünfzig Cholerafälle aufzunehmen, musste dann aber nur einige wenige Patienten behandeln, die geheilt entlassen werden konnten. So ist in den Nachrichten aus St. Luke's einmal von dieser und dann von jener Krankheit die Rede, meist kommt aber vieles zugleich auf Hans Schales zu. Solche Berichte sind besonders farbig und sollen das Kapitel abschließen. Vorab noch ein – für nicht Betroffene – lustiger Vorfall gleich im ersten Jahr: *»Auf meinem Heimweg wurde ich zu einem Patienten gerufen, der von einer Kuh in den Hodensack getreten worden war; ich vermute, dass ich diesen Mann morgen operieren muss.«* Ein paar Tage später: *»Den Mann mit der ›unschicklichen‹ Verletzung habe ich operiert, er ist heute zufrieden nach Hause gegangen.«*

13. Juni 2002 – 21:34

»... Der Tag fing gar nicht so schlecht an. Obwohl ich Rufbereitschaft hatte, konnte ich bis 6:30 Uhr gut schlafen, als ich von der Maternity die Information bekam, dass die Frau mit der während der Geburt ‚geplatzten' Gebärmutter sechs Tage nach der Notoperation Bauchschmerzen habe. Das Problem war ein Harnverhalt, der mit einem Katheder schnell behoben werden konnte. Nach einer ausführlichen Visite auf der Frauenstation – ich hatte Zeit, da eine für heute geplante Leistenbruchoperation ausfiel, weil der Patient nicht erschienen war – begann ich die Untersuchung der ambulanten Patienten. Eine Mutter brachte ihre fünfjährige Tochter, die von einem Zwanzigjährigen vergewaltigt worden sein sollte. Ich muss auf Anfrage der Polizei einen medizinischen Bericht für das Gericht erstellen und einen Bluttest auf HIV durchführen lassen. Heute habe ich vier Mädchen zwischen fünf und 15 Jahren wegen Verdachts auf Vergewaltigung untersuchen müssen. Junge abgemagerte Frauen, die sich kaum auf den Beinen halten können, werden, gestützt von

Angehörigen oder im Rollstuhl, gebracht, weil sie zu Hause nicht mehr versorgt und ernährt werden können. Oft hat die begleitende Großmutter einen unterernährten Säugling im Arm. Ich brauche keinen Bluttest zu machen; dieses Bild ist typisch für Aids. Wir nehmen Mutter und Tochter auf, versuchen mit Infusionen, Vitaminen und regelmäßiger Nahrung das Leben/Sterben zu erleichtern.

Eine Frau mit blassen Schleimhäuten und Atemnot: Der Blutfarbstoff ist noch ein Siebtel des Normalwerts. Wir bereiten eine Bluttransfusion vor. Später erfahre ich, dass sie einen Abtreibungsversuch mit einheimischen Kräutern unternommen hat. Ich hoffe, sie kommt durch. Bei der Ultraschalluntersuchung stelle ich fest, dass sie überhaupt nicht schwanger war.

Einige junge Männer, die über Gewichtsabnahme, Durchfälle und Husten klagen. Sie fühlen sich nicht mehr der Arbeitsbelastung, z.B. im Sägewerk, gewachsen. Sie wollen krank geschrieben werden. Wir nehmen sie auf, versuchen durch Röntgenaufnahme der Lunge und Sputum-Untersuchungen eine Tuberkulose auszuschließen. Einige stimmen einer Blutuntersuchung auf HIV zu. Meist finden wir beide Krankheiten bestätigt. 90 Prozent aller unserer HIV-Untersuchungen sind positiv.

Viele Hautkrankheiten, die ich nicht deuten und noch weniger behandeln kann, da es seit einem Jahr keine Salben gibt. Ein junger Mann, der eine Geschwulst nahe dem Kiefergelenk hat. Ich erkläre ihm, dass er sich besser einem Spezialisten in der Stadt vorstellt. Wir werden ihn nächste Woche mit unserer Ambulanz nach Bulawayo bringen.

Zwischendurch mache ich Ultraschalluntersuchungen: Schwangere und solche, die schwanger werden wollen. Männer und Frauen mit vergrößerter Leber und Bauchwassersucht, eine junge Frau, die gestern entbunden wurde und eine riesige Eierstockgeschwulst hat, die ich nächste Woche operieren werde. Ursprünglich hatte die Hebamme Zwillinge vermutet. Eine alte Frau, die über Kreuzschmerzen klagt. Als ich sie nach ihrem Alter frage, sagt sie mir, dass sie in dem Jahr geboren sei, als die Heuschrecken die gesamte Ernte des damaligen Rhodesiens vernichtet hatten. Niemand vom Personal kann mir das Jahr nennen. Ich muss Fr. Odilo fragen, der in diesem Jahr 90 wird.«

Wie das Krankenhaus St. Luke's auch in den Busch hineinwirkt, schilderte Marcus Kalmes nach einem Besuch bei Hans Schales (SZ vom 11. April 2004). Dabei treffen wir wieder auf den Jungen, von dem Anne Schales berichtet hat, Jonilanga Ncube, wobei der Familiennamen »Ncube« in Zimbabwe so geläufig ist wie bei uns der Name »Müller«.

»Pater Sipho ist auf der Suche nach Jonilanga. Er hat dem 19-Jährigen mit Anne Schales vor zwei Jahren zufällig eine schwere Behinderung erspart. Sie haben ihn mit einer gebrochenen Hüfte im Busch gefunden. Seit einer Stunde sind Sipho und Anne Schales nun schon mit der kongolesischen Ärztin Dr. Julie Kaniki vom St. Luke's Hospital unterwegs. Im Jeep fahren sie auf einer staubigen Straße durch die Gemeinde St. Paul's im Distrikt Lupane im heruntergekommenen Simbabwe.

Sipho fährt langsamer, schaut in den Busch. Ortsschilder gibt es nicht. Der Priester muss sich auf sein Gedächtnis verlassen, an Büschen orientieren. Das fällt hier schwer, die Natur blüht durch ungewöhnlich viel Regen in der zu Ende gegangenen Regenzeit stärker als gewohnt. Alles ist grün. Sipho bremst, biegt ins Gebüsch ein. ›Da ist es‹, sagt Anne Schales, die fürs Afrika-Projekt arbeitet. Im Gestrüpp offenbart sich ein zugewachsener Weg. Der führt zu den vier Hütten der Familie Ncube. Hier, mitten im Busch, gibt es weder Strom noch fließendes Wasser – wie überall in der Gegend, die eine Stunde von St. Luke's entfernt ist. Die Kinder müssen Kilometer weit durch den Busch gehen, oft ohne Schuhe, um die Schule besuchen zu können.

Jonilanga Ncube ist eines der Patenkinder, die durch das Afrika-Projekt Hoffnung für sich und ihre Familie schöpfen. ›Wir haben ihn vor zwei Jahren mit einer gebrochenen Hüfte gefunden‹, erklärt Anne Schales. ›Wir haben ihn direkt ins Auto geladen. In St. Luke's konnte er nicht operiert werden, aber in der Stadt Bulawayo‹, erzählt Anne Schales. Durch die Hilfe des Afrika-Projekts ist Jonilanga wieder gesund geworden und kann dank einer Patenschaft nun wieder die Schule besuchen.

Doch die sechsköpfige Familie ist wieder vom Schicksal geplagt. ›Durch den Regen haben wir die Schlafhütte verloren‹, sagt Jonilangas Schwester Pretty, 23. Sie trägt Sohn Arcahmen, zwei Jahre, auf dem Arm und zeigt auf die zerstörte Hütte. Pretty hat in der neunten Klasse wegen der Schwangerschaft die Schule geschmissen. So geht es vielen jungen Frauen in Simbabwe. Sie heiratet den Vater der Kinder. Das ist aber selten. Viele lassen Frau und Kinder sitzen. …

Nach drei Besuchen geht es zurück nach St. Luke's. Plötzlich schlägt Sipho vor, schnell noch bei den Patenkindern Leya und Martha Sibanda, 14 und 18 Jahre alt, vorbeizuschauen. Er kehrt noch einmal um. Das rettet der Mutter der beiden das Leben. Der Vater starb 2003 an Tuberkulose. Als Sipho, Anne Schales und Dr. Kaniki die Hütte der Sibandas betreten, finden sie Mutter Esther, 52, zusammengekauert, geschwächt und hustend auf einer alten Couch. Ins Hospital schleppen kann sie sich nicht mehr. Der Weg ist zu weit, wenn man schwächelt. Zudem macht sie sich Sorgen um ihre Kinder. Und sie hat kein Geld. Dr. Kaniki untersucht sie. Verdacht: Tuberkulose. Sie muss sofort nach St. Luke's. Wieder finden die Helfer des Afrika-Projekts zufällig eine schwerkranke Person und nehmen sie mit. Sipho sagt: ›Wenn die Mutter stirbt, hat die Familie keine Zukunft.‹ Denn Martha erwartet bereits ein Kind. Das bedeutet: Sie beendet die Schule nicht. Und die Familie muss ein hungriges Maul mehr stopfen.«

Über den zahllosen Einzelschicksalen stumpft Hans Schales nicht ab. Einige Patienten wachsen ihm ans Herz wie Khawulani und Brenda. *»Heute Nachmittag«*, schrieb er im Jahr 2004, *»starb mein kleiner Freund Khawulani mit dreizehn Jahren. Seit über einem Jahr war er wegen eines*

Herzfehlers und Lungentuberkulose immer wieder in unserer Behandlung. Ich hatte ihn wegen seines freundlichen Lachens ins Herz geschlossen. Noch drei weitere Patienten sind heute gestorben, keiner war älter als dreißig Jahre.«

Mit der Geschichte von Brenda will ich die Krankheitsgeschichten beenden. Hans schrieb zu Weihnachten 2013 unter der Überschrift »Weihnachtsgeschenke« über sie und begann damit, wie das Schicksal ihn beschenkt hat.

»Ich bin durch Gottes Gnade ein privilegierter Mensch. Ich lebe in einer Welt voller Armut, Ungerechtigkeit und Krankheit. Mir persönlich fehlt es an nichts und ich ernte täglich Anerkennung und Dankbarkeit, was ohne die Unterstützung durch das Afrikaprojekt, die Menschen und Freunde dieses von einem guten Schutzengel ins Leben gerufenen Fördervereins nicht möglich wäre.

Gestern habe ich Brenda unter Begleitung einer einheimischen Hilfsschwester ›nach Hause‹ gebracht. Brenda Ndlovu, jetzt 21 Jahre alt, habe ich am 12. Dezember 2009 kennengelernt. Sie wurde uns zwei Tage nach der Totgeburt ihres ersten Kindes aus Gomoza, einer 80 Kilometer entfernten Außenstation zugewiesen. Das Kind ist während der Geburt abgestorben, weil das Becken zu eng war. Dabei erlitt Brenda tiefe Verletzungen der Geburtswege. Harnblase, Beckenboden und Enddarm zeigten tiefe Risse. Einem niederländischen Spezialisten gelang es im Oktober 2010, die große Harnblasenfistel zu schließen. Die Operation wurde in St. Luke's durchgeführt. Die Verletzung des Enddarms heilte nicht. Brenda kam in unregelmäßigen Abständen zu Kontrolluntersuchungen nach St. Luke's. Ich war immer wieder überrascht, wie zuversichtlich und mutig diese junge Frau mit ihrem Leidensweg zurechtkam. Am 12. Dezember 2012 diagnostizierte ich eine Schwangerschaft im vierten Monat. Am 17. Dezember kam Brenda unvorhergesehen wegen Unterleibsschmerzen zur Kontrolle aus Gomoza und wir mussten das unreife Kind durch Kaiserschnitt entbinden. Das Kind wog 1000 Gramm und verstarb drei Tage später in einer ›Intensivabteilung‹ in Bulawayo.

Durch finanzielle Mittel aus dem Fundus von Freunden aus dem Saarland konnte ich einen kongolesischen Chirurgen in Bulawayo bewegen, am 13. Dezember 2013 eine aufwendige Operation durchzuführen, um die bestehende Enddarmfistel zu schließen. Am 20. Dezember holte ich Brenda mit guten Heilungschancen nach St. Luke's und gestern brachte ich Brenda nach Hause zu ihrer Mutter. Wir waren sechs Stunden unterwegs ›im Busch‹. Das war mein schönstes Weihnachtsgeschenk! Ich möchte mit Euch dieses Geschenk teilen und wünsche allen gesegnete Weihnachten und Gesundheit im Neuen Jahr.«

»Doctor Charles« außer Dienst

Erinnern wir uns an die zu Anfang gestellte Frage: Ist Hans Schales, der sich Jahr für Jahr am Krankenhaus St. Luke's abrackert, ein Held oder gar ein Heiliger? Wie am Anfang gilt es, diese Frage zu verneinen, ohne zu verleugnen, dass er eher einem Helden oder Heiligen entspricht als dem jeweiligen Gegenstück. Dass er ein ganz normaler Mensch ist, im besten Sinn des Wortes, soll am Ende des Lebensberichts gezeigt werden – Hans Schales, wenn er sich einmal nicht um die Patienten kümmert oder einmal dem Krankenhaus für ein paar Tage den Rücken kehrt.

Seine positive Grundstimmung formulierte er in einem Bericht zum abgelaufenen Jahr 2003 so:

»Überrascht und begeistert bin ich immer wieder von der Freundlichkeit der Menschen, mit denen ich es im Krankenhaus oder unterwegs zu tun habe. Ich freue mich über die Ausgelassenheit und Vitalität der gesunden Kinder. Ich

bewundere die Tapferkeit und Leidensfähigkeit der Armen und Kranken in auswegloser Situation. Ich staune über die Selbstsicherheit der Frauen. Ich bewundere und beneide die Musikalität und Redegewandtheit von Groß und Klein. Begeistert bin ich von der Natur, der Vielfalt und Blütenpracht der Pflanzenwelt oder den Wildtieren. Ebenso begeistert und überrascht bin ich immer wieder von der Hilfsbereitschaft der guten Menschen zu Hause.«

Hans »zu Hause« in St. Luke's

Hans fügte in dem Jahresbericht eine Liste der Enttäuschungen an, von denen bereits genügend die Rede war. Die Stimmung schwankt, aber immer wieder behält der Optimismus, der Durchhaltewille, die Oberhand. Vergessen wir nicht, dass Hans einen besonderen Virus in sich trägt, den »Afrikavirus«. Vergessen wir nicht, dass die ständigen Unterbrechungen des Nachtschlafs, der Ruf zu Operationen, bei denen es um Leben und Tod geht, für uns Normalbürger einen Albtraum bedeuten, Hans seit Jahrzehnten vertraut ist. Es gibt dann aber auch die Abende, die er ungestört in seinem Haus verbringt, Musik hört und am Laptop den Kontakt mit der Heimat aufnimmt, die eingegangenen Mails liest und beantwortet – jedenfalls dann, wenn der Strom fließt und die Internetverbindung funktioniert. Die Klage über Störungen zieht sich wie ein roter Faden durch die Nachrichten aus St. Luke's. Hier ein Beispiel aus dem ersten Jahr:

»Seit heute bin ich wieder telefonisch und per Mail erreichbar. 18 Tage Abstinenz haben mich einerseits frustriert, andererseits bin ich seit zwei Wochen so im Stress, dass ich doch keine Lust gehabt hätte, mich an den Laptop zu setzen. Unser Verwalter hat für den langen Telefonausfall folgende Erklärung erhalten: Primär war wohl der Blitzeinschlag schuld, dann aber hätten Diebe

ein ›Relais‹ gestohlen, das man sehr gut zur Reparatur eines Radios gebrauchen könne. Dieses Ersatzteil sei zur Zeit nicht vorrätig, es werde aus Indien geliefert, und da Zimbabwe knapp an foreign currency ist, sei kein Ersatz zu bekommen. Da das Krankenhaus eine gewisse Priorität habe, hat man das wertvolle Relais woanders ausgebaut – einige nicht so wichtige Kunden vom Netz genommen – und uns wieder erreichbar gemacht. Ich hoffe nur, dass das Relais jetzt diebstahlsicher eingebaut worden ist.«

Vielleicht greift Hans an einem ruhigen Abend auch zu einem Buch, liest es bedächtig und gründlich, wie es seine Art ist, mit dem Bleistift in der Hand, um wichtige Passagen anzustreichen. Das alles geschieht in einem wundervollen Haus, das er nach eigenen Plänen hat bauen lassen, nachdem er einige Jahre in dem von Dr. Davis-Ziegler übernommenen Haus gewohnt hat. Es ist ein Haus, das die Form einer Rundhütte im Kral übernimmt und durch Rundform und ein Mauerwerk aus dunklen Bruchsteinen von allen anderen Gebäuden absticht. Die Steine stammen aus einem zehn Kilometer entfernten Steinbruch, das Dach ist mit afrikanischem Reet gedeckt. Das Haus ist zu Recht sein Stolz. Die Räume im Innern sind zum Dach hin offen. Das Haus umschließt einen runden Innenhof, in dem ein »Rasen« aus afrikanischem Gras fleißig gewässert werden muss. Die Fenster des Hauses sind recht klein, dafür halten die Steinmauern die größte Hitze und zeitweise auch die Kälte ab.

Denn heiß ist es nur zu oft. Auch die Meldungen zum Klima ziehen sich als roter Faden durch die Berichte aus St. Luke's. Es ist für uns verwirrend, dass bei ihm Sommer ist, wenn wir Winter haben, und umgekehrt. Bisweilen tragen unsere Mails die Überschrift »Frühling an Herbst« oder »Winter an Sommer«. Die Sonne scheint, wie Hans schreibt, an 340 Tagen im Jahr; davon kann man hierzulande nur träumen. Es gibt eine erträgliche trockene Hitze, aber auch eine quälend schwüle Hitze. Hans ist glücklich, wenn im afrikanischen Winter nach kalten Nächten der Sonnenschein aus klarem Himmel eine angenehme Wärme bringt. Die Regenfälle sind, wenn sie denn kommen, kurz und sintflutartig. Dann muss Hans die Stiefel anziehen, wenn er von seinem Haus zum Krankenhaus oder ins »Arzt-Kasino« geht.

Die klaren Nächte prunken mit einem prachtvollen Sternenhimmel. Im weiten Umkreis gibt es nichts, was die Luft verschmutzen könnte, und so wölbt sich ein Himmel mit Myriaden an Lichtpunkten über St. Luke's, darin die Milchstraße wie ein breites, weißes Band und – anders als am nördlichen Sternenhimmel – der Orion und das Kreuz des Südens. Da kann den Betrachter schon ein frommer Schauer überkommen.

Afrikanische Tier- und Pflanzenwelt

Wenn Zeit und Gedanken nicht durch das Krankenhaus abgelenkt sind, studiert Hans die fremdartige Tier- und Pflanzenwelt. Schließlich hatte er in jungen Jahren ein Studium der Zoologie und Botanik aufnehmen wollen. Gleich neben der Küche entdeckte er einen brachliegenden Garten, von Unkraut und Hecken überwuchert. Er heuerte einen kräftigen, arbeitslosen Jungen als Gärtner an, der das Land rodete, besorgte Samen für Mais, Erbsen und Bohnen und freut sich, wie das Gemüse reift, wenn genügend Regen fällt.

»Mein Lieblingskind«, schrieb er im ersten Jahr an meine Frau, die in Fragen der Pflanzen- und Tierwelt seine Gesprächspartnerin ist, *»ist ein Nussbaum. Vor acht Tagen habe ich einen etwa 60 cm großen Macadamia Nut Tree gepflanzt. Ich habe ihn nach langem Suchen in einer Baumschule in Bulawayo gefunden. Es ist eine immergrüne Pflanze, die schon nach einigen*

Jahren Früchte tragen soll. Vielleicht kann Heide Genaueres herausfinden.« Das konnte sie. Der Garten und das Lieblingskind machten aber Kummer, wie er drei Monate später schrieb. Das Gelände musste eingezäunt werden, weil Esel und Ziegen alles wegfraßen. *»Einer der beiden ›Macadams‹ ist eingegangen, die Wurzeln waren abgefressen. Der andere hat bisher Glück gehabt, obwohl er nur fünf bis sechs Meter entfernt steht.«* Wieder zwei Monate danach heißt es, der verbliebene Macadamia kämpfe um sein Leben, weil ihm der richtige Dünger fehle. Schließlich heißt es ein Jahr nach dem hoffnungsvollen Beginn: *»Leider zeigt mein Macadamia-Nussbäumchen seit zwei Tagen welke Blätter, und ich befürchte, dass ich es nicht mehr retten kann. In den nächsten Tagen muss ich an ihm eine ›Obduktion‹ durchführen, um die Todesursache herauszufinden. Ich werde mir dann so bald wie möglich Ersatz besorgen, muss aber wohl doch länger auf die ersten Nüsse warten.«* So ist es auch gekommen, jedenfalls konnte Hans bei seinen Besuchen in der alten Heimat keine Nussernte präsentieren.

Selbst wenn aber die Nussernte ausfällt und der afrikanische Rasen im Innenhof nicht gedeihen will, weil sich die Ameisen am ausgestreuten Samen delektieren oder weil Elizabeth ihm durch einen vermeintlichen Dünger den Garaus macht, die afrikanische Pflanzenwelt ist Hans eine ständige Freude. Bäume, die sich zur Blütezeit mit einem Kleid blauer Blüten schmücken, die Jacarandas, vereinzelt im Gelände von St. Luke's und in Reihen entlang einzelner Straßen von Bulawayo, sind eine wahre Augenweide, und daneben gibt es viele andere blühende Bäume und Büsche in ungeahnter Farbenpracht. Im Garten gedeihen die Mangos, auf deren Ernte Hans sich freut. Die »Frangipane«, auch »Franziskusbrot« genannt, faszinieren ihn noch mehr, seit es einen Papst Franziskus gibt.

Das Beobachten der Tiere fängt mit den ganz kleinen Hausbewohnern an: *»Bevor ich ins Krankenhaus gerufen wurde, habe ich in meiner*

Küche zwei Küchenschaben zertreten. Als ich eben zurück kam, waren sie von den winzig kleinen Ameisen restlos ›abgeräumt‹ worden und vom Fußboden spurlos verschwunden. Als ich mir in ein Glas, in dem ich vor der Operation Orangensaft getrunken hatte, nachschenken wollte, fand ich dort die Ameisen, wie sie sich an den süßen Resten des Safts labten. Ich wollte sie schon ausspülen, ließ ihnen aber doch den Nachtisch, weil sie die Schaben so fein entsorgt hatten.« Zu den Hausbewohnern gehören auch die Spinnen, die als nützliche Helfer ungestört bleiben. Wir haben bei unserer Reise riesige Exemplare gesehen, gefühlt handtellergroß, und uns nur schwer an den Anblick gewöhnen können. Es kostete Mut, wenn man, wie wir es im Kloster Mariannhill in Bulawayo erlebten, bei Stromausfall nachts auf die Toilette gehen musste und wusste, dass dort im Dunkel ein Dutzend der »Prachtexemplare« lauerte.

Quälgeister, an denen Hans nichts Gutes lässt, sind die kleinen schwarzen Fliegen, die nach Regenfällen in Scharen auftreten und in jede Gesichtsöffnung krabbeln wollen. Da schätzt er schon eher die Vögel, die sich um die Insekten kümmern. Durch das Fenster kann er Reiher beobachten, Schwarzkopfreiher, wie sie im Frühjahr in den Bäumen ihre Nester bauen und ausfliegen, um aus der nahen Flussniederung des Bubi-River Futter für ihre Brut zu beschaffen. Oder die Webervögel, bei denen die Männchen kunstvolle kugelrunde Nester bauen, viele von ihnen umsonst, weil die Weibchen nach Besichtigung des »Angebots« das am besten gelungene Nest beziehen.

Frühling auf Afrikanisch, im Monat des Advent: *»Hier ist nach einer langen, staubigen, heißen Dürreperiode der Frühling ausgebrochen. Die Zikaden hatten zu Beginn der Regenzeit ohrenbetäubend nach mehr Regen geschrien und jetzt regnet es seit vier Wochen fast täglich. Die Bäume, Sträucher und Gräser stehen in saftigem Grün, die Vögel bauen ihre Nester und schnäbeln, die fliegenden Ameisen schwirren abends um die Außenbeleuchtung der*

Gebäude und dringen durch die kleinsten Ritzen in die erhellten Zimmer. Weil der Regen auch Abkühlung gebracht hat, könnte man jetzt entspannt noch im Bett lesen, aber die Ameisen füllen in wenigen Minuten das Schlafzimmer.«

Auf dem Weg durch das Farmgelände, wo die Webervögel umherschwirren, geht Hans an den mächtigen Termitenbauten vorbei und zwischen den Maispflanzen kann sich eine Giftschlange verbergen. So schrieb Hans einmal: *»Je mehr ich mich dem Bubi-River näherte, umso tiefer wurde der versumpfte schwarze Lehmboden. Mehrfach musste ich nach wenigen Schritten die Klumpen von den Stiefeln streifen, kam auch ins Stolpern, wenn mir der tiefe Schlamm fast die Stiefel auszog. Als ich nur noch etwa dreißig Meter vom Fluss entfernt war, entschied ich mich zur Umkehr. Auf dem Rückweg begegnete mir noch eine schwarze Mamba! Sie hatte mich zuerst gesehen und hielt mich im Blick, als ich mich ihr auf einem glitschigen Pfad im versumpften Maisland näherte. Ich blieb zwei Meter vor ihr ruhig stehen. Wir schauten uns an. Geräuschlos verschwand sie im Maisfeld und ich war erleichtert!«* – Die großen Wildtiere halten sich nicht im Umkreis St. Luke's auf, um sie zu beobachten, muss Hans in einen der Nationalparks oder zur Safari in Botswana am Chobe River fahren.

Ausflüge ins Land

Durch seine Arbeit in St. Luke's ist Hans nicht in eine Einöde verbannt, sondern in ein Land mit prachtvollen Landschaften. Das erleichtert ihm ohne Frage sein afrikanisches Leben. Deshalb will ich Hans bei seinen Ausflügen begleiten und mit ihm dieses Land erkunden. Die Ausflüge dienen ihm zunächst dazu, sich neben der anstrengenden Arbeit im Krankenhaus die Kondition zu erhalten. Vergessen wir nicht, dass er immer ein guter Sportler gewesen ist und die Arbeit als Sportlehrer sein erstes Berufsziel war. Es gibt nicht viele Möglichkeiten, denn das Land kennt keine Wanderwege oder Laufstrecken. Verlässt man die wenigen staubigen Pisten, bleibt man schnell im Dornengebüsch stecken; einer dieser Büsche, der jeden Eindringling mit langen und scharfen Dornen festhält, trägt den bezeichnenden Namen »Wait-a-Bit«.

Auf dem Rad nach Lupane

Zur »sportlichen Ertüchtigung« bleibt Hans nur das Fahrrad, das in einem der Container zu ihm gelangt ist. Außer der großen Straße von Bulawayo zu den Victoria-Fällen, auf der das Fahren wegen der oft brutalen Lastwagenfahrer lebensgefährlich ist, bleibt ihm nur eine geeignete Strecke. Bevor die breite Autostraße gebaut war, führte zwischen Bulawayo und Vic Falls die schlichte »Striproad« durch den Busch, zwei Teerstreifen von einem halben Meter Breite, daneben und dazwischen der Kalaharisand. Zwischen St. Luke's und Lupane ist später auch der Mittelstreifen geteert worden. Die Striproad, auf der sich der »kleine Verkehr« abspielt, dient ihm auf dieser Strecke zum Training, hin und zurück immerhin 54 Kilometer, in den ersten Jahren naturgemäß häufiger als später. Setzen wir ihn in den Sattel! Den Bericht vom August 2003, ausgangs des Afrika-Winters, habe ich um ein paar Details aus einer späteren Schilderung ergänzt.

»Es geht auf der alten ›Striproad‹ durch das Tal des Bubi-River in Richtung West/Nordwest der Sonne entgegen, die jetzt um drei Uhr nach der Mittagsruhe noch so hoch steht, dass sie mich nicht blendet. Bei den kürzeren Fahrten, die ich erst nach der Arbeit zwischen vier und fünf Uhr antreten

konnte, stand die Sonne schon so tief und hat so geblendet, dass es oft schwierig war, den Kühen und Eseln auf der Fahrbahn im letzten Moment auszuweichen. Heute ist es zum ersten Mal wieder über 25 Grad warm. Es geht ein leichter Gegenwind, das ist gut, dann brauche ich auf dem Rückweg nicht so zu strampeln. Am Straßenrand stehen Kilometersteine, die mir den Kilometerzähler ersetzen.

Raus aus dem Gelände von St. Luke's, an der Daluka School (Kilometer 4), der Gandagula School (Kilometer 10) und der Madotshwa School (Kilometer 20) vorbei. Dann muss ich zum ersten Mal aus dem Sattel in den Wiegeschritt wechseln, damit die Falten im Sitzfleisch Zeit bekommen sich zu glätten. Immer wieder hat die Striproad ein Schlagloch bereit, das wie die Querrillen und Flickstücke die Härte des Sattels spüren lassen. Ich bin gut in der Zeit und sehe beim Kilometerstein 25, dass ich knapp unter einer Stunde liege.

Ich überlege, was ich machen würde, wenn ein Löwe in mir eine lahme Antilope sehen würde. Vor einigen Wochen ist hier in der Nähe eine Löwenfamilie gesehen worden. Meine einzige Waffe wäre das Fahrrad, das würde mir ein Löwe oder eine Löwin mit einem Prankenhieb aus den Händen schlagen. Zum Glück stehen mir heute nur einige Kühe, Esel oder Ziegen im Weg, und ein entgegenkommender Busfahrer überlässt mir großzügig einen Streifen von einem halben Meter; meist muss ich in das Gras ausweichen, wo mir die spitzen Akaziendornen schon öfters zu einem Platten verholfen haben.

Die Straße ist heute ausgesprochen ruhig, nur wenige Menschen sind zu Fuß unterwegs. Ich habe erst zwei oder drei Scotch carts überholt, das sind zweirädrige Karren, meist von zwei oder vier Eseln gezogen, und bin nur von weiteren zwei Pick-ups überholt worden, die mich auch nicht von der Straße gedrängt haben. Die letzte Primary School, Mpofo, passiere ich bei Kilometer 27, dann geht es zwei Kilometer vor Lupane bergab und ich radele über das Flussbett des Bubi auf einer zehn Meter langen Betonbrücke, um danach den Anstieg nach Lupane im kleinsten Gang hochzuklettern. Der Bubi River führt nur in der Regenzeit Wasser. Manchmal sind dann die kleinen Brücken überschwemmt, so dass die Schulkinder, die auf der linken Flussseite wohnen, an diesen Tagen die ausnahmslos am rechten Flussufer gelegenen Schulen nicht besuchen können.

In Lupane gibt es nichts Sehenswertes, ich habe auch kein Geld für eine Coke eingesteckt. So schenke ich zwei Kindern, die am Straßenrand stehen und den fremden Weißen argwöhnisch beobachten, meine Bonbons und mache mich auf den Rückweg. Ich habe noch viel Zeit bis zum Abendessen und lasse es etwas langsamer angehen.

Der Wind hat sich gelegt, die jetzt tiefer stehende Sonne scheint mir auf den Rücken. Rechts und links der Striproad zeigt sich am Ende der langen Trockenzeit kaum noch ein grünes Hälmchen. Dahinter beginnt der Trockenwald mit Bäumen von fünf bis acht Metern Höhe; die meisten haben jetzt ihre bunten Herbstblätter abgeworfen und tragen nur noch die trockenen Schoten oder mir unbekannte Früchte an den kahlen Ästen. An manchen Stellen ist der Wald bis zur Straße gerodet und gibt den Blick auf das Flusstal frei, das dank des Grundwasserspiegels noch grüne Grasinseln zeigt. Zwischen den Bäumen sieht man die Hütten der Krals. Ein besonders schöner Kral bei Kilometer 18 ist von Euphorbien eingezäunt und von hohen schattenspendenden Bäumen umstanden. Die wenigen Felder entlang des Flussbetts liegen brach.

Wieder taucht ein Bus auf. Unbarmherzig drängt er mich von der Straße herunter in den Sand. Ich halte den Lenker fest und versuche, möglichst wenig von der Dieselwolke und dem Staub einzuatmen. Bei Kilometer 5 komme ich an der neuen Rundlehmhütte vorbei, in der die Gemeinschaft der Zions ihre Kirche hat. Bei Kilometer 4 liegt das Fußballfeld, auf dem die Mannschaft von St. Luke's ihren Schweiß vergießt. Nun folgt noch der gefürchtete leichte Anstieg nach St. Luke's, den eine Besucherin ›Mont Ventoux‹ genannt hat, vorbei an der Beer Hall, aus der heute keine Musik dringt, vorbei am Sägewerk und der Getreidemühle, über drei ›schlafende Polizisten‹ – die Fahrbahnschwellen werden hier nämlich ›sleeping policeman‹ genannt – durch etwas Sand und vorbei an einigen Verkaufsständen unseres Einkaufszentrums. Im kleinsten Gang geht es dann in die Einfahrt des Krankenhauses. Ankunft um 17 Uhr 45 bei untergehender Sonne. Da bleibt noch Zeit für eine erfrischende Dusche.«

In einem Brief an seinen Enkel David schildert Hans eine Serie von Reifenpannen (2008). Drei Jungen gelang es, mit ihren guten Augen die kleinen Löcher zu finden, die Hans mit seinem Flickzeug schließen konnte. Die Luft hielt aber nicht lange. Hans musste einen Ersatzschlauch montieren, sein erster Schlauchwechsel bei einem neuen Fahrrad mit 21 Gängen. Ein älterer Herr, der am Wegrand darauf wartete, von einem Lastwagenfahrer mitgenommen zu werden, half ihm, bis sich eine Fahrgelegenheit für ihn bot. Nun halfen zwei junge Frauen, die Kette richtig aufzulegen. Allein die Ventilkappe war im Kalaharisand verschwunden. Hans schenkte den Frauen seinen Apfel und trat die verspätete Heimfahrt an. Mabhena, die Köchin an diesem Tag, hatte ihm das Essen aufbewahrt. In St. Luke's gab es dann eine Überraschung: *»Auf meinem Weg von der Küche zu meinem Haus kommt mir strahlend eine der beiden Damen entgegen, die mir zum Schluss geholfen hatten, mit dem Ventilkäppchen in der Hand! Ein Autofahrer hat sie nach St. Luke's mitgenommen und sie wusste, wo sie mich finden kann.«* Hans brachte sie mit seinem Auto in die Nähe ihres Ziels. *»Lieber David«*, schreibt Hans, *»so sind es die ›kleinen Dinge‹, die uns die Menschen näher bringen.«*

Mit dem Auto nach Byo zu den Mariannhillern

Wie die Fahrten auf dem Fahrrad der Kondition des Hans Schales helfen, helfen die Fahrten nach Bulawayo ins Kloster der Mariannhiller seinem Seelenfrieden. Dieser in Deutschland wenig bekannte Orden hat seine Zimbabwe-Niederlassung in dem Stadtteil Queenspark von Bulawayo oder kurz Byo. In Mariannhill trifft Hans auf drei deutsche Ordensmitglieder, einer sympathischer als der andere, Bruder Alois, quirlig, geschäftig, munter, ein Stimmungsmacher und Organisator, Seele der kleinen Gruppe, Bruder Roland, stiller, langsamer und bedächtiger, aber ein durch und durch liebenswerter Mann mit vielen handwerklichen Fähigkeiten, der Hans bei allen Problemen mit seinem jeweiligen Auto hilft, und Pater Alois, ein nachdenklicher Mann, abgeklärter Afrika-Missionar. »Die Typen«, schreibt Andreas Lauer in sein Tagebuch, »sind kurios, reden manchmal Deutsch und manchmal Englisch, beides mit deutlich süddeutschem Akzent, und wir sitzen mit ihnen lange gemütlich beim Bier oder Brandy beisammen.«

Wenn es Hans nicht gut geht, wenn er in St. Luke's keine Kontakte mehr zur Heimat erhält, wenn er ein wichtiges Fußball-Länderspiel im Fernsehen anschauen will oder auch aus Pflicht, wenn es mit dem Erzbischof und seinen Leuten zu reden gilt, wenn er im Zentralkrankenhaus Blutkonserven beschaffen muss, wenn er etwas einkaufen oder einen Flug nach Deutschland buchen will, dann fährt er die 140 Kilometer nach Byo. Als häufiger, gern gesehener Besucher hat er dort sein eigenes, wenn auch recht dunkles Zimmer und sein eigenes, wenn auch wenig komfortables Bett. Von Mariannhill aus erhalte ich immer wieder Nachrichten. Mit der Lektüre eines Briefs an die Enkeltochter Julica, im Mai 2008 elf Jahre alt, können wir Hans bei einer Fahrt nach Byo begleiten.

»Liebe Julica, vor einer Woche hast Du mich gefragt: ›Ist es bei Dir in Afrika schön?‹ Heute will ich Dir schildern, was ich an Deinem Geburtstag erlebt habe. An diesem Tag musste ich zu einer wichtigen Besprechung um 16 Uhr in Bulawayo sein. Bulawayo ist eine Millionenstadt, 140 km von St. Lu-

ke's entfernt. Wenn ich ein- oder zweimal im Monat in die Stadt fahre, habe ich vieles zu besorgen. Die Visite im Krankenhaus habe ich schon früh erledigt. Während der ›heiligen‹ 10-Uhr-Teepause ist mein Auto aufgetankt und medizinisches Material für das ärmere Zentralkrankenhaus in Bulawayo eingeladen worden. Das kleinere Missionskrankenhaus St. Luke's ist besser ausgestattet als das große Regierungskrankenhaus.

Um 12 Uhr 30 wollte ich an sich aufbrechen, bin aber kurz vor der Abfahrt zu einer schwierigen Geburt gerufen worden. Die verlief glücklich, aber ich habe viel geschwitzt. Schnell habe ich noch geduscht und kurz zu Mittag gegessen. Um 14 Uhr bin ich mit vier Mitfahrern gestartet. Unsere Krankenhausangestellten suchen immer eine günstige Gelegenheit, kostenfrei nach Bulawayo zu kommen, um zu ihren dort lebenden Kindern zu kommen. Das Wetter ist schön, strahlend blauer Himmel, es ist für den Monat Mai mit über 28 Grad ungewöhnlich warm.

Ich liebe die Fahrt auf der Straße von Bulawayo zu den Victoria-Fällen. Es ist eine gute Teerstraße, die durch einen ›Park‹ führt. Für die meisten Menschen ist sie langweilig, weil sie schnurgerade ist und beidseits der Straße nicht viel zu sehen ist. Mir sind aber viele Bäume vertraut und ich bin jedes Mal gespannt, in welchem Kleid sie sich präsentieren. Ab und zu huscht ein kleines Äffchen über die Straße, manchmal muss ich abbremsen, wenn eine Kuhherde die Straße kreuzt oder ein sturer Esel die Weiterfahrt blockiert. Autos sieht man ganz selten, umso mehr Anhalter stehen am Straßenrand. Oft müssen sie stundenlang auf eine Mitfahrgelegenheit warten.

Nach etwa dreißig Kilometern stehen am Straßenrand Melonenverkäufer, die ihre Ware anbieten. Sobald ein Auto in der Ferne auftaucht, strecken sie, meistens ein junges Mädchen, eine der ungefähr zwei Kilo schweren, süßen Wassermelonen in die Höhe. Heute halte ich an einer Stelle, an der gleichzeitig fünf Frauen Melonen anbieten. Man klopft an die Melonen um zu erkennen, ob sie reif sind, dann wird kurz um den Preis gehandelt. Weil ich fünfzehn Melonen kaufe, bekomme ich einen Rabatt. Eine Melone kostet heute 50 Millionen Zim-Dollar; das sind bei Dir ungefähr dreißig Cent. Die Menschen in der Stadt freuen sich, wenn ich ihnen Melonen mitbringe.

Vor Bulawayo komme ich in eine Straßensperre, aber die Polizei kennt mein Auto und winkt mich ohne Kontrolle durch. Um 15.30 Uhr fahren wir in Bulawayo ein. Die Stadt ist weitläufig angelegt. In der Stadtmitte verabschieden sich meine Mitfahrer und ich erledige ein paar Punkte von meiner Einkaufsliste, bevor ich mit kleiner Verspätung zu einer Besprechung erscheine.

Es ist schon dunkel, als ich um 18 Uhr 30 bei den Mariannhiller Missionaren zum Abendessen eintreffe. Wie fast täglich um diese Zeit ist Stromsperre und Bruder Alois hat den Generator angeworfen. Um 20 Uhr kommt der Strom zurück. Ich bin müde und gehe, nachdem ich meine Mails abgerufen habe, früh zum Schlafen. Um fünf Uhr am anderen Morgen werde ich von heulenden Hunden geweckt und stelle fest, dass der Strom schon wieder abgeschaltet ist. Das hat wohl einige Hunde erschreckt. Der neue Tag beginnt mit einer Messe in der Kapelle, anschließend Frühstück und um 8 Uhr 30 stehe ich vor der nah gelegenen Postfiliale, um drei Briefe aufzugeben. Der Angestellte kommt einige Minuten später und bedient mich freundlich; er bekommt eine Melone wie am Vorabend das Küchenpersonal der Mariannhiller.

Im Mpilo-Krankenhaus treffe ich keinen Arzt an, aber ich hinterlasse die mitgebrachten Medikamente, Spritzen und das Verbandsmaterial, und der hilfsbereite Pfleger erhält seine Melone. Schnell weiter zur Kathedrale. Kurze Besprechung mit dem Vertreter des Erzbischofs, danach stehe ich zwanzig Minuten für den Kauf von ›Sticky Stuff‹ in einem Buchladen an. Das ist eine Klebmasse, mit der unsere Lehrhebamme Poster an der Wand befestigen kann. Ich beobachte, wie ältere Frauen für ihre Kinder und Enkelkinder ein oder zwei Schulhefte kaufen, denn die Schulferien sind zu Ende. Viele Eltern wissen nicht, wie sie das Geld für Unterricht und Lehrmaterial aufbringen können.

Hin und her fahre ich durch die schachbrettartig angelegten Straßen von Bulawayo für meine Erledigungen und treffe überall freundliche Menschen. Zum Schluss fahre ich zur Blutbank. Seit vier Wochen kommt unser Fahrer immer wieder ohne Blut aus der Stadt zurück. Mit einer Melone unter dem Arm begrüße ich die Angestellten. Sie kennen mich alle, denn ein Afrika-Projekt-Kalender hängt im Büro, und einige Laboranten haben schon Honig aus St. Luke's bekommen. Heute möchte ich Blut für meine Melone. Ich habe Glück, denn seit dem Schulbeginn vor einigen Tagen sind auch die Blutspender wieder zurück gekommen. Ich erhalte vier Beutel Blut zu 500 ml Gruppe 0-positiv, das bedeutet Hoffnung zumindest für zwei Patienten.

Wieder komme ich verspätet nach Mariannhill zum Mittagessen. Danach lade ich 115 kg Honig aus Chimanimani für unsere Schwerkranken auf und will mich gerade verabschieden, als ein 50jähriger Mann zu Bruder Alois kommt und für seinen Sohn um Hilfe zur Zahlung des Schulgeldes bittet. Als Gegenleistung erzählt er von einer Quelle, wo man günstig an gutes Fleisch kommen kann. Wie sich herausstellt, liegt die ›Fleisch-Farm‹ an der Vic-Falls Road. Ich nehme deshalb den Mann mit und nach 60 Kilometern biegen wir auf eine Landstraße ab. Ich liebe diese Fahrten in den Busch. Zuerst einige Kilometer auf der ehemaligen Striproad, die nur zwei Teerstreifen hat. Sie hat vor bis etwa 60 Jahren Bulawayo mit den Victoria-Fällen verbunden. Es geht vorbei an Krals, die vom Weg kaum einsehbar sind, dann folgt eine Staubstraße, bis wir vor dem Schild ›Rosslyn Farm‹ stehen. Die Weiterfahrt ist durch ein Stahlrohr-Tor versperrt. Ein Wächter notiert meine Autonummer und die Uhrzeit, verlangt meine Unterschrift, besprüht die Räder mit einem Desinfektionsmittel, wohl gegen Maul- und Klauenseuche, und lässt uns passieren. Vorbei an Koppeln mit Straußen kommen wir nach weiteren zwei Kilometern zum Farmhaus. Eileen, eine weiße Zimbabwerin, begrüßt uns und serviert uns in ihrem Büro eine Coke. Ihr Mann Bryan kommt nach einigen Minuten von der Jagd zurück. Ich erzähle von unserem Krankenhaus und meinem Interesse an Fleisch für unsere Patienten. Bryan ist seit zwei Jahren Pächter der Farm und züchtet Strauße für den Export. Auf dem Farmgelände gibt es eine große Herde von Säbelantilopen, die wohl größte Antilopenart der Welt, außerdem Giraffen, Kudus, Impalas und Warzenschweine. Aus dem Ausland kommen Jäger, um gegen Bezahlung zu jagen. Sie erhalten die Trophäen der erlegten Tiere und der Farmer verkauft ihr Fleisch in Bulawayo oder ins Ausland. Wir besichtigen die Kühlräume und ich bekomme ein paar Würste. Das ist ein guter Kontakt!

In Hochstimmung beginne ich den Heimweg. Vor dem Tor der Farm halten uns drei junge Frauen an. Sie haben den ganzen Tag auf einer Baumwollfarm gearbeitet, sind staubig und müde und freuen sich, dass ich sie und ihre Kinder bis zu ihrem Kral mitnehme. Auf der Hauptstraße sind es noch 80 Kilometer bis St. Luke's. Jetzt zwischen 17 und 18 Uhr, eine Stunde vor Sonnenuntergang, taucht das Abendlicht die Gräser und Bäume in warmes Gold. Rechtzeitig zum Abendessen treffe ich zu Hause ein. Im Krankenhaus gab es keine Komplikationen und ich kann von meinen Erlebnissen berichten. – Ja, Julica, was denkst Du? Ist es schön bei mir in Afrika?«

Besucher in St. Luke's

Es ist nicht so, dass sich Hans Schales nur bei den Freunden von Mariannhill oder bei den seltenen Erholungszeiten in der alten Heimat in seiner Muttersprache unterhalten kann. Zimbabwe und St. Luke's sind ein Magnet für Familie, Freunde und Förderer. Immer wieder kündigen sich Besucher an, Mediziner und Nichtmediziner, Männer, Frauen oder Paare, allesamt verständnisvoll, bescheiden und dankbar, jedenfalls in gewissen Abstufungen, immer davon beeindruckt, was durch den Einsatz von Hans und mit den Mitteln des Afrikaprojekts geschaffen worden ist und geleistet wird. Am liebsten sind Hans natürlich die Besuche seiner Kinder, Oliver und Anne, die in den Anfangsjahren häufiger kamen und tatkräftig halfen, bis Beruf und Familie sie von weiteren regelmäßigen Flügen nach Afrika abhielten. Ich denke nicht, dass Hans über die vielen weiteren Besucher Buch geführt hat und mir hat er nur sporadisch davon berichtet. Er war immer glücklich, wenn er neuen Besuch am Flughafen von Bulawayo abholen konnte, hat jedem gern das Krankenhaus vorgeführt und die Schönheiten des Landes gezeigt, ist danach aber auch gern wieder in seinen Alltagsrhythmus zurück gewechselt, wie jeder von uns das aus eigener Erfahrung mit Besuchen kennt.

Mich und meine Frau hat Hans schon nach dem ersten Jahr in St. Luke's zu einem Besuch gedrängt. Es hat aber noch Jahre gedauert, bis ich meiner Frau ihre Sorgen ausgeredet hatte. Der weite Flug? Den gibt es auch bei Reisen nach Amerika und hier sogar ohne Zeitverschiebung. Die große Hitze? Die ist erträglich, wenn man die richtige Jahreszeit auswählt. Die gesundheitlichen Gefahren? Wo wäre man sicherer als bei einem deutschsprachigen erfahrenen Arzt und einem funktionierenden Krankenhaus? Im September 2008 haben wir endlich eine zehntägige Reise nach Zimbabwe angetreten. Sie war so aufregend eindrucksvoll, dass wir noch Wochen danach »afrikanische Träume« hatten. Einige wenige Eindrücke habe ich für die Zeitschrift »Salibonani« (November 2008) festgehalten.

Gleich am ersten Tag in St. Luke's

Leise, um nicht meine Frau zu wecken, schlüpfe ich mitten in der Nacht aus dem Bett, unter dem Moskitonetz hervor, öffne die Haustür und erlebe meine erste Nacht auf afrikanischem Boden: Mich umgibt eine schmeichelnd warme Luft, um mich herum ist es still, bis auf das Zirpen der Zikaden und fernes Hundegebell, dunkel, bis auf den Mond, der den tagsüber goldfarbenen staubigen Sand zwischen den einzelnen Gebäuden des weiten Areals silbern leuchten lässt. Mein Freund Hans Schales hatte mich schon seit langem gedrängt, ihn einmal in St. Luke's zu besuchen. Jetzt bin ich froh, seinem Drängen nachgegeben zu haben. Die Stille der Nacht wird wenig später durch das Krähen der Hähne und schließlich durch das Sechs-Uhr-Geläut der Kirche beendet, die nicht weit entfernt vom runden, mit Reet gedeckten Arzthaus steht. Die Tage in St. Luke's beginnen mit der Morgenmesse und der »Assembly« der Schwestern, deren kräftig-froher Gesang weit über das Gelände schallt.

Beim Frühstück erfahren wir, dass die Nacht keineswegs so friedlich war, wie ich sie empfunden habe. Diebe haben die Wohnung des einheimischen Arztes Dr. Patrick während seines Schlafs ausgeräumt. Die Aufregung und Enttäuschung ist groß. Von der Polizei wird wenig Hilfe erwartet. Als Hauptschuldigen sehen alle am Tisch den Mann, der das Land zerrüttet und in Armut gestürzt hat.

Der Abend dieses Tages bringt eine ganz andere Überraschung. Nach dem Abendessen gehen wir im Dunkeln zurück zum Arzthaus. Wie fast an jedem Tag ist auch heute wieder die Stromversorgung für die Region gesperrt worden, ein »power-cut«, weil die verfügbare Energie nicht für das ganze Land ausreicht. Wir lernen gleich am ersten Tag, dass man nicht sicher mit Strom aus der Steckdose und Wasser aus der Leitung rechnen kann – und das in einem Krankenhaus! Kurz vor dem Haus von Hans lässt mich ein scharfer Zuruf stehen: Fast wäre ich auf eine Schlange getreten, die sich in »Schlangenwindungen« dem Haus nähert und, weil sie sich verfolgt fühlt, drohend aufrichtet und zischt – eine tödliche Kobra! Hans, der befürchtet, dass sie sich in sein Haus retten will, ruft zwei junge Männer, die das Reptil mit Stöcken erlegen. Es tut uns leid um das schöne Tier, das von Hans anderntags mit 1,20 Metern ausgemessen wird. Man kann aber die Abneigung der Afrikaner verstehen; Antoniah, die ebenholzschwarze Köchin, hat ihre Schwester durch den Biss einer Schlange verloren.

Wichtiger als diese Ereignisse sind die Einblicke, die wir vom Alltag des Krankenhauses und dem Wirken des Freundes gewinnen. Man kann sich kaum vorstellen, wie ärmlich und verbraucht die Gebäude, die Krankenzimmer und Krankenbetten aussehen: Dabei funktioniert das Krankenhaus und es ist dank der Hilfen durch das Afrika-Projekt besser als jedes andere Krankenhaus im Land mit Geräten und Medikamenten ausgestattet. Hans führt uns von Station zu Station. Immer wieder wird er weg gerufen und um Rat zu medizinischen und organisatorischen Fragen gebeten. *»What's the problem?«* – so eröffnet er jedes Gespräch.

Er diskutiert mit Christiane, der erfahrenen und liebevollen Hebamme, ob eine natürliche Geburt gewagt werden kann oder ob ein Kaiserschnitt, ein »Caesar«, geboten ist. Wer Hans kennt, weiß, wofür er plädiert. Wir sehen ein winziges Frühchen von 1.300 Gramm, das am Körper der Mutter liegt und von ihr geduldig gefüttert auch ohne Brutkasten durchkommen kann. Ein kleiner Junge ist vom Erstickungstod bedroht und von den Schwestern wohl schon aufgegeben worden. Hans hört die Lunge ab, sie ist frei. Er vermutet, dass sich in der Luftröhre das Stück einer wilden Frucht, mit dem das Kind seinen Hunger stillen wollte, festgesetzt hatte. Eindringlich erklärt er der Mutter und den Schwestern, wie sie dem Kind helfen können, bevor es nach Bulawayo zu einem HNO-Arzt gebracht wird: »He has a chance, he can survive!« Es hat überlebt! Anderen Kindern mit rotem Haar und aufgeblähtem Bauch als den typischen Anzeichen eines extremen Eiweißmangels, Kwashior, ist nicht mehr zu helfen, sie werden sterben.

Beim Einschlafen am Ende des Tages steht mir jedoch ein froheres Bild vor Augen. Einen Teil der Spielzeugautos, mit denen unsere Enkel gespielt hatten, hat meine Frau nach St. Luke's mitgebracht. Jedes Kind in der Station bekommt ein Auto und einen bunten Luftballon. Da leuchten die kranken Augen auf. Am sichtbarsten freut sich ein Junge, der wegen einer Knochenvereiterung des Beins behandelt wird. Weil ich mit meiner Wundertüte abseits stehe, wirft er mir einen verschwörerischen Blick zu, den ich richtig deute. Ich stecke ihm heimlich ein zweites Auto zu. Wann habe ich je ein so strahlendes Kindergesicht gesehen?

Es ist bewundernswert, fast unfassbar, was Hans Tag für Tag in diesem und für dieses Buschkrankenhaus leistet, wie er alle Unzulänglichkeiten, Enttäuschungen und Rückschläge aushält. Die Kraft für das Durchhalten schöpft er aus seinem Glauben, seinem Optimismus und dem Rückhalt in der alten Heimat. Er liebt das Land Zimbabwe, dessen Schönheit er uns an weiteren Tagen zeigt, neben der grandiosen Tierwelt die Victoria-Fälle, die Schlucht des Sambesi und die skurrilen Felsformationen der Matobo Hills. Am Ende der Besuchszeit sagen wir uns, dass wir so wie er nicht leben könnten, ganz abgesehen davon, dass meine Berufskenntnisse hier nicht gebraucht würden. Wir können ihn aber – wie so viele andere – von der Heimat aus unterstützen und dazu verhelfen, dass er im Sinne eines »they have a chance« wirken und vielen Kindern das Lachen erhalten kann – und wieder sehe ich das strahlende Gesicht des Jungen vor mir, dem ich das zweite Auto unter die Bettdecke geschoben habe.

Erholung im Land: An den Victoria-Fällen und unterwegs auf dem Fahrrad.

Am Ufer des Sambesi, in der Schlucht unterhalb der Victoria-Fälle

Aufmerksame Zuschauer – aufmerksame Zuhörer

»Doctor Charles« – interessiert und dann selbst im Mittelpunkt des Interesses

Lockender Gipfel des Mount Inungu

Ein gutes Stück südlich von Bulawayo liegt der Matopos-Nationalpark, ein Berggebiet mit bizarren Felsformationen und uralten, zum Weltkulturerbe erklärten Felszeichnungen. Riesige Basaltbrocken, von der Erosion herausgearbeitet, sind wie überdimensionale Bauklötze übereinander geschichtet und mit einiger Fantasie versteht man, dass sie Namen wie »Affenbaby«, »Elefant« oder »Mutter mit Kind« erhalten haben. Auf der höchsten Erhebung, dem Mount Inungu, hat Pater Odilo, einer der Gründer von St. Luke's, ein Kreuz errichten lassen. Dieser Berg ist für Hans nach seiner »Erstbesteigung« ein beliebtes Ziel geworden, zu dem er Besucher mit ausreichender Kondition führt. Ich werde den schweißtreibenden Aufstieg so wenig vergessen wie den überwältigenden Ausblick vom Gipfel. Am Aufstieg ist ein Kreuzweg angelegt worden und wer die Zahl der Stationen des Leidens Christi kennt, weiß beim Anstieg, wie weit er noch hinaufsteigen muss. Das Erlebnis des Anstiegs will ich von Hans selbst beschreiben lassen, der in den Weihnachtstagen des Jahres 2004 erstmals und allein die Anhöhe erklomm.

»Am Sonntagmorgen nach der Sieben-Uhr-Messe und dem Frühstück starte ich in Richtung Matopos, diesmal bei leicht bewölktem Himmel. Heute bin ich wohl der erste Besucher. Es ist alles friedlich und ich bin gut gelaunt. Nach einer halben Stunde stelle ich das Auto vor dem verschlossenen Tor der Inungu-Farm ab, schlüpfe durch ein kleines Seitentürchen und gehe mit leichtem Rucksack zu Fuß weiter. Durch die Trecking-Sandalen spüre ich noch das feuchte Gras, meine festen Wanderschuhe habe ich in St. Luke's vergessen. Es sind nur fünfzehn Minuten bis zum Fuß des Berges. Eine Großfamilie Warzenschweine hat mich im Visier. Als ich näher komme, stiebt sie mit aufgerichteten Schwänzen davon. Auf einem Felsen sonnen sich Klippschliefer.

Auf dem Gipfel des Mount Inungu, mit 1.501 Metern die höchste Erhebung im Matopos-Park, war mehrmals ein Holzkreuz errichtet worden, das immer wieder vom Wind oder durch Vandalen zerstört worden ist, bis es Pater Odilo gelang, mit einer Gruppe wagemutiger Männer im Jahr 1982 ein unzerstörbares Kreuz zu errichten. Es ist eine mit Aluminium verkleidete mehr als zehn Meter hohe Stahlkonstruktion, die in einer schweren Bodenplatte verankert ist. Pater Odilo kam Ende der dreißiger Jahre ins damalige Rhodesien; er ist der älteste noch aktive Mariannhiller Missionar. Jedes Jahr am Afrikatag wird am Kreuz eine Messe gefeiert.

Heute bin ich allein. Es sind nur gut zweihundert Höhenmeter zu überwinden. Nach einem flachen Stück durch teilweise modrigen, teilweise lichten, herb riechenden Wald geht es auf schmalem Pfad den ersten Felsen entgegen. Junge Menschen springen wie Gazellen in zwanzig Minuten bis zum Gipfelkreuz. Ich merke schon an der zweiten Kreuzwegstation von insgesamt vierzehn, dass ich wochenlang nicht mehr Rad gefahren bin oder sonst sportlich tätig war, und lasse es deshalb gemütlich angehen. Neugierige Vögel betrachten den einsamen Wanderer. Ich nehme mir Zeit, die Vögel und Bäume zu betrachten oder einen Blick zurück in die Tiefe auf bizarre Felsformationen zu werfen. Die meisten Felsentürme sind mir von früheren Wanderungen vertraut, aber ich entdecke immer wieder neue Gebilde. Ich kann mich nicht satt sehen an den Wurzeln der wilden Feigenbäume, die wie Kraken mit ihren Armen riesige Felsbrocken umschlingen. Geben die Wurzeln den Felsen Halt oder stützen die Felsen die Bäume an den steilen Hängen?

Jetzt muss ich mich ganz klein machen, um einen niedrigen Felstunnel zu passieren, dann muss ich mich rechts und links an Felsbrocken abstützen, um nicht das Gleichgewicht zu verlieren. Nach der zehnten Kreuzwegstation bleiben Bäume und Büsche zurück. An dem steilsten Stück vor dem Gipfel ist ein Stahlseil gespannt, das den weiteren Aufstieg erleichtert. Es ist fast geschafft, noch ein paar große Felsen kann man umgehen oder direkt überwinden, dann sieht man das helle Kreuz vor sich in den blauen Himmel ragen. Kurz vor dem Gipfel steht einer der schönsten Feigenbäume, dort ist auch die vierzehnte Kreuzwegstation. Eine seiner gewaltigen Wurzeln birgt einen Hohlraum, in den Pater Odilo die Asche eines verstorbenen Freundes zur letzten Ruhe versenkt hat. Ein wunderbarer Platz! Nach kurzem Gedenken erreiche ich nach gut dreißig Minuten Aufstieg den Fuß des Kreuzes. Nach einem erfrischenden Schluck aus der Thermosflasche, gefüllt mit dem kühlen Wasser aus dem Brunnen von St. Luke's, genieße ich den Rundblick zum Maleme Dam, zur Inungu Farm, Worlds View und so fort.

Das Glück wäre fast perfekt, wenn nicht die lästigen Mopane-Fliegen es auf meine Augen und Öffnungen von Nase und Ohren abgesehen hätten. Man hat mir geraten, sie nicht zu verjagen, sondern mit Verachtung zu bestrafen. Ich schaue den vielen unterschiedlichen Schmetterlingen zu, die um das Kreuz tanzen, und mache eine ›Wackelprobe‹ am Kreuz, um Pater Odilo beruhigen zu können. Es wird uns alle überleben!

Bergab werden die Muskeln der Oberschenkel und die Knie stärker gefordert. Ich bin froh, dass ich mich an ein paar jungen Baumstämmen abstützen kann, die zwischen den Felsen wachsen. Am Fuß des Berges begrüßt mich ein Rudel Paviane. Mein Auto erwartet mich im Schatten eines Baumes. Ich genieße die zwanzig Minuten Fahrt durch den ruhigen Park, bis ich mich am Tor von der herrlichen Landschaft verabschiede. Ich freue mich schon jetzt auf den nächsten Besuch des Mount Inungu, vielleicht in Gesellschaft von lieben Freunden!«

Wo Zimbabwe am schönsten ist

Im Mai 2006, nach fünf Jahren vollem Einsatz im Krankenhaus, nur durch gelegentliche Reisen in die alte Heimat unterbrochen, gönnte sich Hans Schales einen ersten Urlaub im Land, »unverschämte vier Wochen am Stück«. Nach ersten Tagen in Byo reiste er zu dem Touristenziel Nummer eins des Landes, den Victoria-Fällen des Sambesi. Die Strecke von St. Luke's zu den Fällen in Richtung Nordwest ist doppelt so weit wie die nach Byo in Richtung Südost, also rund dreihundert Kilometer.

In der Nähe der Fälle hat Hans ein paradiesisches Stück Erde entdeckt, die »Gorges Lodge«, geführt von den aus Zimbabwe stammenden Weißen Mary und Jack. Der Sambesi strömt, nachdem er über die Felskante in die Tiefe gestürzt ist, mächtig rauschend durch eine zweihundert Meter tiefe Schlucht mit extrem steilen Ufern und trennt die Länder Zimbabwe und Sambia. Auf dem südlichen, zu Zimbabwe gehörenden Ufer steht diese Lodge auf einem Grundstück, das sich fünfzig Meter breit und sechshundert Meter lang am Rand der Schlucht vorbeizieht. Während das Land außerhalb dieses Areals staubtrocken ist, abgesehen von der Regenzeit, wird das Gelände der Lodge fleißig gewässert, durch Wasser, das vom Sambesi hochgepumpt wird. Dadurch entsteht ein kleines tropisches Paradies, mit üppig grünenden und blühenden Büschen und Bäumen, Grasflächen und Blumen. Über das lang gestreckte Gelände verteilen sich neben dem Hauptgebäude mit Bar und Restaurant zehn kleine Häuser, strohgedeckt, gediegen eingerichtet, mit einem atemberaubenden Blick in die Schlucht und auf die Felswand gegenüber.

Bei Mary und Jack kann sich Hans entspannen, bei gepflegtem Essen und einem Bier oder Glas Wein, während er sich in St. Luke's mit Wasser und Tee begnügen muss. Er erkundet verschiedene halsbrecherische Abstiege hinunter zum Strom, besucht die Fälle und beobachtet im Chobe-Park des benachbarten Botswana Wildtiere, bei der Safari im Boot auf dem Chobe-River und zu Land im geländegängigen Fahrzeug. Hierher kommt Hans in den Folgejahren noch oft, im Jahr 2008 auch mit meiner Frau und mir, es ist für die Besucher, die er herführt, der Höhepunkt ihres Besuchs. Ich stieg mit Hans in der Frühe eines Morgens hinunter zum Fluss. Wir begegneten den Schmugglern, die zwischen Zimbabwe und Sambia pendeln. Eine Erfrischung im Fluss, zur Trockenzeit weniger wild, versagten wir uns, weil Krokodile gesichtet wurden, und schweißtriefend kletterte ich hinter ihm her wieder in die Höhe. Von hier aus fuhren wir zu dem Nationalpark der Victoria-Fälle, deren Gewalt nur im Bild vermittelt werden kann. Der Sambesi nähert sich in einer mächtigen Breite von einem Kilometer einer Felskante, hinter der er mit einer solchen Gewalt in eine schmale, hundert Meter tiefe Spalte stürzt, dass die Gischt hundert bis zweihundert Meter in die Höhe steigt. Der einheimische Name der von Livingstone entdeckten Fälle heißt denn auch übersetzt »Donnernder Rauch«. Zur Regenzeit sind die Fälle so mächtig, dass der Besucher auf der Seite Zimbabwes unter einer Dusche steht und ein Fotografieren schwer möglich ist, zur Trockenzeit zaubert die Sonne schillernde Regenbögen in die Gischt. Es ist schlicht ausgedrückt ein Wahnsinn.

Für Hans sind die Tage in der »Gorges Lodge«, allein oder mit Freunden, ein Ausgleich für die Mühsal des Krankenhausbetriebs. Die Einheimischen in den umliegenden Krals kennen ihn, schildern ihm, wenn er da ist, ihre gesundheitlichen Probleme. Wir waren dabei, als er zu einem Kral fuhr, um Medikamente abzugeben, als er einer Schule, der Chisuma School, Mais lieferte, damit die Schüler tags darauf eine kräftige Schulmahlzeit erhalten konnten. An diesem Tag verdoppelte sich die Zahl der Schüler, weil sich das Mittagsmahl aus Kesseln voller Porridge herumgesprochen hatte. Nach Jahren des Zauderns wagte Hans schließlich auch ein »Rafting«, eine halsbrecherische Fahrt auf dem Floß durch die Stromschnellen des Sambesi.

Am Ende des Lebensberichts sollen zwei Reisen von Hans Schales außerhalb von Zimbabwe nicht unerwähnt bleiben: die Besteigung des höchsten Berges von Afrika und eine Geburtstagsfeier bei den Antipoden.

Am 66. Geburtstag auf Afrikas höchstem Berg

Es war ein lange gehegter Traum von Hans Schales, dem verhinderten Sportlehrer, eines Tages den höchsten Gipfel des von ihm geliebten Kontinents zu besteigen: den Kilimandscharo. Ich schmeichle mir damit, ein wenig zu dem Zeitpunkt beigetragen zu haben, an dem Hans seinen Traum verwirklichen konnte. Irgendwie mag es Hans – saarländisch ausgedrückt – »gekreppt haben«, dass ich, der unsportliche Klassenkamerad, der lediglich permanent im Wald herumläuft, zum Übergang in den Ruhestand noch einmal einen Marathon in Berlin laufen wollte. Dem setzte er seine Bergbesteigung entgegen, verbesserte seine Kondition mit dem Fahrrad auf der Strecke zwischen St. Luke's und Lupane, wanderte durch die Felsenwelt des Matopos-Parks, ließ sich von Tochter Anne die einschlägige Literatur beschaffen, erwarb alles, was es an Ausrüstung bedurfte und wartete am Beginn des Jahres 2004 ungeduldig und mit wachsendem Lampenfieber auf die Bestätigung des Termins für sein Vorhaben. Hans, der sonst nicht durch Schreibfreude glänzt, verfasste am Ende des Bergabenteuers einen ausführlichen Bericht, den ich nur gerafft wiedergebe, um ihm dann aber bei der Beschreibung des Gipfelsturms das Wort zu überlassen.

Hans, der einen Kilimandscharo-Führer und ein Buch über die Erstbesteigung des Bergs gelesen hatte, wusste, was ihm bevorstand. Der Berg hat eine Höhe von 5.895 Metern und trägt eine weiße Kappe aus Firn und Höhengletschern, obwohl er nur 330 Kilometer südlich vom Äquator liegt. Es ist ein vulkanischer Gebirgsstock, der aus drei erloschenen Vulkanen zusammengewachsen ist. In der Sprache der Suaheli bedeutet sein Name »Berg des bösen Geistes«. Jährlich reisen bis zu 25.000 mehr oder weniger geübte Bergsteiger an, um den Gipfel zu erklimmen und mit dem Diplom des Erfolgs heimzukehren. Manche von ihnen bezahlen das mit dem Leben und kehren in einem der »Leichensäcke« zurück, die die Träger mit sich führen. Die Höhenkrankheit ist die größte Gefahr für die Bergwanderer. Es gibt sechs Routen zur Besteigung, die meisten wählen den billigsten und einfachsten Weg, »Coca-Cola-Route« genannt. Hans buchte die schönste, längste und teuerste Route, die sechs Tage für den Aufstieg und zwei Tage für den Abstieg vorsieht. Er hatte einen geeigneten Schlafsack erworben, einen Biwaksack und Rucksack, wasserdichte und warme Kleidung und manches mehr an empfohlener Ausrüstung.

Am 20. Januar 2004, dem Tag, an dem ich das Ruhestandsalter erreichte, begann seine Anreise. Er flog von Byo nach Harare, von Harare nach Daressalam in Tanganjika und von dort zum »Kilimandjaro International Airport«. Bis zum Beginn der Tour vergingen Tage, die Hans zum Besuch der Serengeti nutzte. Am 31. Januar begann endlich das Abenteuer, zunächst bequem auf dem Landcruiser, durch die unteren Vegetationsstufen der Dorn- und Trockensavanne, danach durch die Kulturzone, in der Kaffee und Bananen angebaut werden.

1. Tag: Die Wanderung beginnt ab einer Höhe von 2.000 Metern. Am ersten Tag stapft die Wandergruppe durch den Regenwald, bis zu einer Höhe von 2.800 Metern. Der Führer mahnt die Wanderer, mit den Kräften zu haushalten, »pole, pole!« heißt es immer wieder: »gemach, gemach!« Man stolpert über Wurzeln, klettert über umgestürzte Bäume, bemoost und glitschig, sucht trockenen Fußes über Gebirgsbäche zu gelangen, schaut nach den fremdartigen Farnbäumen und Orchideen. Nach drei Stunden ist das erste Lager erreicht, wo die Träger für die Gruppe bereits fünf kleine Zelte und ein größeres Küchen- und Essenszelt errichtet haben und wo eine erste lange Zeltnacht bevorsteht.

2. Tag: Am nächsten Morgen verlassen die Wanderer den Nebelwald und gelangen in die Heide- und Moorlandzone, ein offeneres Gelände mit Erikagewächsen bis zu zehn Metern Höhe. Wie an jedem Tag werden sie unterwegs von den Trägern überholt, sechs kräftigen jungen Burschen, die die Zelte abgeschlagen haben, ein Gepäck von vierzig Kilo auf Kopf oder Schultern geladen haben und mit schnellem Schritt an den Wanderern vorbei ziehen, schwitzend und schwatzend. Hans misst, obgleich er nur einen leichten Rucksack trägt, einen Puls von 140 Schlägen. Das Lager, idyllisch in einem von einem Bach durchflossenen Gebirgskessel gelegen, wird schon am Vormittag erreicht. Die Wanderer sollen sich langsam an die größere Höhe anpassen, hier von 3.200 Metern. Während der Nacht prasselt der Regen auf die Zelte, am Morgen verstecken sich die Bergflanken in Nebel und Wolken.

3. Tag: Im Dauerregen brechen die Wanderer mit dem Ziel des Shira-Plateaus auf, dem Kraterrand eines früheren Vulkans, auf einer Höhe von 3.700 Metern. Das Wetter zerrt an den Nerven: Der Regen nässt die Kleider von außen, der Schweiß beim Klettern aus dem Gebirgskessel auch von innen. Aus dem schmalen Pfad ist ein Bach geworden und der Wind peitscht den Regen ins Gesicht. Jetzt bewähren sich die wasserdichten Wanderschuhe. Hans träumt davon, im Lager trockene und warme Wäsche anzuziehen, muss aber feststellen, dass auch die Kleider im Rucksack nass geworden sind, bis auf die gut verpackte Unterwäsche. Immerhin lässt der Regen am Nachmittag für einige Stunden nach, die Sonne kämpft sich für eine Weile durch die

Wolken und die Wanderer bestaunen ehrfürchtig den frisch beschneiten Westhang des Kilimandscharo. Die nassen Kleider werden über Büsche und Zelte gebreitet, um wenigstens anzutrocknen. In der Nacht setzt neuer Regen ein und Donnerschläge hallen den Berghang entlang.

4. Tag: An diesem Tag wird die Gruppe durch eine Moorlandschaft zu dem Shira II-Lager in 3.900 Metern Höhe geführt. Die Felsen werden größer, der Bewuchs spärlicher. Hier wachsen die Senecien, auch »Gespensterbäume« genannt, die in dem abgestorben erscheinenden Stamm Wasser für die oben aufsitzenden »Kohlköpfe« speichern. Ein Träger kommt eilig entgegen, um ärztliche Hilfe für eine Touristin zu suchen. Wieder ist die Gruppe am Ziel nass bis auf die Haut und steigt in die klamme Austauschwäsche. Am Nachmittag vertreibt ein eiskalter Wind die Wolken und öffnet einen Blick auf den Kilimandscharo, lockend und beängstigend zugleich. Der Wind hilft beim Trocknen der Kleider. Vögel balgen sich um die Essensreste, Spatzen und Raben, die es in dieser Höhe aushalten. Nachts rüttelt der Wind an den Zeltplanen. Hans kriecht tiefer in den warmen Schlafsack und freut sich, dass in dieser Nacht der Ischiasnerv Ruhe gibt.

5. Tag: Während des Frühstücks reißt die Wolkendecke kurz auf und die Gipfel des Kilimandscharo und des Mount Meru zeigen sich in voller Schneepracht. Die Gruppe bricht zeitig auf, denn für die sieben Kilometer bis zum nächsten Camp beim Lava Tower in 4.600 Metern Höhe ist ein Marsch von sechs Kilometern eingeplant. Bald ist keine Pflanze mehr zu sehen, es geht durch Schotter und Felsen, zuletzt bis zur Größe eines Hauses.

Eine Gruppe kommt entgegen; sie hat die Besteigung wegen angekündigter Schneefälle abgebrochen. Es beginnt zu hageln, dann zu schneien, bevor endlich das Camp erreicht ist. Es liegt vor dem hoch aufragenden Felsmassiv des Lava Tower, auf einer Schneefläche, die von kleineren Felsen eingerahmt wird. Durch einen dieser Felsen wird das Zelt von Hans vor dem Wind und vor einem Abrutschen über den Steilhang geschützt. Die Wolken verdecken gnädig die weitere Route, den steilen Hang zum Arrow-Glacier und den noch viel steileren Anstieg zum Uhuru-Gipfel. Der heiße Tee tut Hans gut, das Essen lockt ihn nicht, es ist ihm flau im Magen. Angetan mit allen verfügbaren Kleidern steigt er in den Schlafsack, mit kalten Füßen, schmerzendem Ischias, und im Kopf die quälende Frage, ob es am nächsten Tag umzukehren gilt. Die Entscheidung soll vom Wetter abhängen. Die Zeltplane flattert im Wind und das Zeltdach senkt sich über Nacht unter der wachsenden Schneelast. Als Hans am nächsten Morgen den Kopf aus dem Zelt steckt, sieht er eine märchenhafte Schneelandschaft, die Zelte der hier lagernden vier Gruppen sind allesamt tief eingeschneit.

6. Tag: Den Plan, an diesem Tag zum Camp am Arrow-Gletscher in Höhe von 4.900 Metern zu steigen, gibt Jacob, der schwarze Führer, auf, denn dort soll der Schnee hüfthoch liegen. Eine der vier Gruppen entschließt sich zur Rückkehr. Jacob, mit 270 Gipfelbesteigungen erfahrener Führer, hat dreißig Jahre zuvor schon einmal so massive Schneefälle erlebt und lässt seine Gruppe einen Tag auf der erreichten Höhe warten. Jacob wird übrigens vom Tourveranstalter mit 80 US-Dollar für die Gipfelführung entlohnt – Geld, das er als Vater von zehn Kindern dringend benötigt. Hans baut zum Vergnügen aller Verbliebenen einen Schneemann, setzt ihm seinen Hut auf und steckt ihm eine Moorrübe ins Gesicht. Am Nachmittag zeigt sich der Schneedom, von der Sonne bestrahlt, in voller Pracht. Wenn dieses Wetter anhält, eiskalt aber trocken, soll die Besteigung möglich sein. Jacob will es zusammen mit einer anderen Gruppe wagen. Er legt den Plan des nächsten Tages fest: Wecken um vier Uhr, Start um fünf Uhr, dann in einem

Gewaltmarsch von dreizehn Stunden Anstieg von 4.600 Metern bis zum Gipfel von 5.892 Metern und Abstieg auf der anderen Seite des Berges bis auf 4.000 Meter. Es wird ein Tag in der obersten, lebensfeindlichen Gipfelzone, von Eiseskälte, Stürmen und Gletschern geprägt.

7. Tag: Tag des Gipfelsturms. Der Anstieg vom Lava Tower zum Gipfel verläuft über den Western Breach Wall, vor dessen Gefahren, selbst bei gutem Wetter, der Erstbesteiger Reinhold Messner eindringlich warnt. Zwei Kilometer Luftlinie sind es vom Arrow-Glacier bis zum Kraterrand, zugleich 900 Höhenmeter, das bedeutet eine Steigung von durchschnittlich 50 Prozent, ein Anstieg, der nicht ohne Hilfe der Hände zu meistern ist. Die westliche Route liegt vormittags im Schatten, in eisiger Kälte. Das letzte Drittel, so Messner, sei so steil, dass kein Rückweg mehr möglich sei, nur der Weg nach oben bleibe. Hans hat einen Biwaksack als Lebensschutz bei sich und trägt die Schneebrille, die das Gelände noch unwirklicher erscheinen lässt. Von der Dramatik dieses Tages will ich jetzt aber Hans erzählen lassen.

»Pünktlich um fünf Uhr starten wir in den Schnee. Vollmond und bekannte Sternbilder am leicht bewölkten Himmel. Die andere Vierergruppe geht vor uns, Jacob mit mir am Ende. Ich halte mich dicht hinter ihm und folge seinen Fußspuren. Die Wasserpfützen unter dem Schnee sind gefroren und es gilt einen Sturz zu vermeiden. Es geht – ›pole, pole‹ – ständig bergauf, nur einmal bergab, um die Rinne eines Sturzbaches zu überqueren, dann auf der Gegenseite umso steiler aufwärts. Der Schnee ist etwa dreißig Zentimeter tief. Meine Schuhe geben sicheren Halt. Die Luft wird dünner, ich atme langsam und tief, mit einem Schritt ein und dem andern aus. Ich habe keine Kopfschmerzen und fühle mich sicher. Langsam wird es heller, wir kommen gut voran. Nach 90 Minuten erreichen wir den Arrow-Gletscher (4.900 m); hier oben liegt der Schnee gut einen halben Meter hoch. In unserem Zeltplatz,

der tief unter uns in der Morgendämmerung liegt, regt sich noch nichts. Die Träger werden bald die Zelte abbauen und uns am Millennium Camp erwarten. Es wird auch für sie ein langer Tag.

Nach einer Rast von zehn Minuten geht es noch steiler in die Schneewand hinein. Der vordere Führer schlägt an einigen Stellen mit dem Eispickel sichere Trittspuren. Einer aus der Vierergruppe vor uns klagt über Schwindel und Sehstörungen. Die beiden Führer der Gruppe bleiben bei ihm zurück. Jacob übernimmt nun die Führung. Ich bedauere nicht, keine Teleskopstöcke zu haben. So kann ich mich mit den freien Händen abstützen oder an Felsvorsprüngen hochziehen. Einige Passagen sind so steil, dass wir nach drei bis vier Schritten eine kurze Pause einlegen müssen und uns in gebückter Haltung an den Schneehang lehnen, tief atmen, um uns anschließend wieder aufzurichten und die nächsten Schritte in Angriff zu nehmen. Wir haben eine tiefer liegende Wolkenbank durchstoßen, eine höhere Wolkendecke hängt über uns. Durch einige Lücken sehen wir blauen Himmel, noch aber nicht die Sonne.

Hinter jedem Felsen hoffen wir, den Kraterrand erreicht zu haben, es geht aber weiter steil bergan. Die Luft wird spürbar dünner. Endlich haben wir doch den Rand des Kraters erreicht. Vor uns ragt die zwanzig Meter hohe Eiswand des Furtwängler Gletschers aus des Eisdecke. An seinem Rand hängen riesige Eiszapfen, die gelb-blaue Farbe des Eises ist faszinierend. Es ist jetzt 13 Uhr. Bis zum Gipfel werden wir noch eine Stunde brauchen. Nach einer kurzen Rast stapfen wir durch tiefen Schnee auf eine weitere Steilwand zu, wo Jacob eine Weile nach dem richtigen Weg sucht. Er findet ihn und hangelt sich durch eine fünf Meter hohe Steilpassage. Ich folge ihm als Erster, wir schaffen es alle. Vor uns sehen wir jetzt eine nur noch mäßig ansteigende Ebene. Hier gibt es im Schnee keine Spuren mehr. Jacob gibt die Richtung an und nach zwanzig weiteren Minuten, um 14 Uhr, haben wir den höchsten Punkt Afrikas erreicht. Wir haben es geschafft und stehen auf dem Uhuru Peak, 5.895 Meter über dem Meeresspiegel!

Freudiges gegenseitiges Beglückwünschen, ein paar Fotos, dann mahnt die Zeit zum Abstieg. Die bis zu dreißig Meter hohen Eisfelder im Norden und Osten ziehen mich in ihren Bann. Der Vulkankrater selbst ist bis auf einen schmalen Rand zugeschneit. Wir sehen ihn nur von Weitem, keine Sonne, kein Fernblick.

Für den Abstieg haben wir noch fünf bis sechs Stunden vor uns. Vom Gipfel, den wir von Westen her bestiegen haben, steigen wir ostwärts langsam ab. Der kalte Wind treibt uns leichten Schneeregen ins Gesicht, ein Thermometer zeigt minus fünf Grad. Nach zwei Kilometern erreichen wir Stella Point. Von hier geht es über schwarzen Lavaschotter steil bergab in die Tiefe. Das ist ja prima, denke ich, und rechne mir aus, dass wir schnell und vor Sonnenuntergang das Millennium Camp auf 4.000 Metern erreichen werden. Nach einer halben Stunde Rutschpartie kommt aber wie aus heiterem Himmel eine böse Überraschung: Meine Beine versagen ihren Dienst, ich habe keine Kontrolle mehr über meine Knie und sacke zusammen. Ich rufe Jacob und bitte um eine Rast. Nach kurzer Pause, einigen Schluck Wasser und ein paar Cashew-Nüssen geht es weiter. Nach ein paar Metern ist es aber noch schlimmer. Ich habe einfach keine Kraft mehr in den Beinen, keine Schmerzen, nur Schwäche. Jacob übernimmt meinen Rucksack und hakt mich unter, so schlittern wir weiter bergab. Nach einer Stunde bin ich völlig erschöpft und weiß nicht, wie ich noch weitere vier bis fünf Stunden durchhalten soll.

Innerlich hadere ich mit Jacob. Wie konnte er mir eine so lange Tagestour ohne ›Treibstoff‹ zumuten, er wusste doch, dass ich in den letzten Tagen wenig gegessen hatte. Es war aber schließlich mein Fehler. Ich hätte wissen müssen, dass meine Muskulatur für eine so anstrengende Tour mehr Reserven braucht. Ich finde keine rechte Einstellung zu dieser Schinderei. Ich weiß nur, dass ich es schaffen muss. Es gibt niemand, der mich tragen könnte. Nach vier Stunden Quälerei kommen wir zum Barafu Camp auf 4.600 Metern und halten eine Rast. Ich überlege, ob ich hier bleiben soll. Der andere Führer bietet mir sein

Lunchpaket und ein süßes Getränk an. Ich bin jetzt das Sorgenkind der Truppe. Jacob redet mir gut zu, und nach einer halben Stunde Rast geht es weiter. Die Amerikanerin überlässt mir einen ihrer Stöcke. Die Vierergruppe geht voraus, ich folge langsamer mit Jacob. Bald verlieren wir die Gruppe vor uns aus den Augen. Auf kurzen flachen Strecken ist es leichter für meine Beine. Es geht nur bergab, nicht mehr so steil wie zuvor. Wir durchschreiten jetzt wieder die Moor-Heidezone, die Sonne ist herausgekommen und der Kili leuchtet traumhaft im schrägen Sonnenlicht. Meinen ›Puddingbeinen‹ hilft nun der Stock als drittes Bein, ich spüre jetzt aber die Belastung des Arms und bekomme einen Krampf in die Hand.

Die Sonne nähert sich dem Horizont. In der Abendsonne zeigen sich wunderbare Motive des Kilimandscharo und des Schwestergipfels des Mount Mawenzi mit seinen schneebedeckten bizarren Zacken. Ich bringe aber nicht mehr die Kraft zum Fotografieren auf und konzentriere mich auf den steinigen Weg. In kleinen schleppenden und stolpernden Schritten geht es bergab. Nach Sonnenuntergang, um 19:30 Uhr, erreiche ich das rettende Millennium Camp. Ich bin durch und durch verschwitzt und die Beine zittern. Nach Glückwünschen und zwei Schluck Bier lege ich mich, nass wie ich bin, in den feuchten Schlafsack und schlafe erschöpft ein. Wiederholt werde ich wach, denn es ist kalt und das Zelt steht auf einem schiefen Grund. Mein Trost ist es, dass es die letzte Nacht im Zelt sein wird.«

8. Tag: Auch der weitere Abstieg wird für Hans eine Qual, trotz aller Rücksichtnahme und Hilfsbereitschaft der andern. Er versucht seine Schwäche durch die Vorstellung zu überwinden, wie viele Menschen Schlimmeres erdulden müssen. Wieder geht es durch Heidezone und Regenwald. Die letzten zwei Kilometer Fußweg bleiben ihm erspart, weil der Tour-Organisator seinen Bruder mit einem Landrover entgegen schickt. Hans wird mit dem Zertifikat 1634/04 bestätigt, dass er an seinem 66. Geburtstag, dem 6. Februar 2004, auf dem höchsten

Gipfel Afrikas gestanden hat – der Älteste bis zu diesem Zeitpunkt. Nach und nach wird die Erinnerung an Qual und Gefahr des Abstiegs durch die Erinnerungsbilder eines einmaligen Naturerlebnisses verdrängt.

Hans hat erst während der Bergtour erfahren, welches touristische Massenspektakel die Besteigung des Kilimandscharo geworden ist und vergleicht sie mit den großen Marathonläufen. Von nun an verfolgte er meine Vorbereitung auf den Berlin-Marathon am 26. September dieses Jahres und so, wie ich mich über seinen Erfolg gefreut habe, freute er sich über meine Meldung, dass ich in wenig mehr als vier Stunden ins Ziel gekommen bin und die Hälfte der 28.000 Zieleinläufer hinter mir gelassen habe. Da schütteln sich zwei befreundete alte Herren, die sich noch einmal richtig ins Zeug gelegt haben, im Geist ihre Hand. Sie wissen, dass ihnen von diesen »Gipfeln des Alters« ein ganz anderer Abstieg bevorsteht, den sie nach Möglichkeit abbremsen wollen. Dem einen bleiben kürzere Laufstrecken, der andere, Hans, schaffte sich zehn Jahre später, im Alter von nun 76 Jahren, auf den mit 2.593 Metern höchsten Berg Zimbabwes, den Nyangani, nimmt sich danach aber vor, solche Herausforderungen fürderhin an den Nagel zu hängen.

Die Feier des 75. Geburtstags in Neuseeland

Mit einer außergewöhnlichen Geburtstagsfeier, die noch nicht lange zurückliegt, will ich den Lebensbericht beenden, denn bei ihr wird geradezu poetisch Jugend und Alter verknüpft, Hans als jung gebliebener älterer Mann gezeigt, mit der ihm eigenen liebenswerten Mischung von scheuer Zurückhaltung und Bereitschaft zum Wagnis. Der Anknüpfungspunkt der kleinen Geschichte liegt in der beschriebenen

Schulzeit am Gymnasium in St. Ingbert. Unser Lehrer für Französisch und Englisch, René Berwanger, hätte sich, als er Hans zur Förderung seines Unterrichts eine Adresse zur Korrespondenz in Englisch zuteilte, nicht träumen lassen, wohin das sechzig Jahre später führt, hat es aber noch vor seinem Tod erfahren und seine Freude daran gehabt. Es war nämlich so: Während ich bei dieser Aktion einen recht langweiligen und schreibfaulen Jungen namens Murugauel aus Sri Lanka, dem damaligen Ceylon, erwischte, zog Hans das Glückslos mit einem munteren Mädchen, Patricia aus Neuseeland. Es liegt auf der Hand, dass ich nur zu gern mit ihm getauscht hätte. Hans schickte seine Fotos auf die Antipoden-Insel, wie er zu Hause in seinem Zimmer oder wie er auf seiner Vespa sitzt, und Patricia schickte die ihren, die sie als hübsches junges Ding im Bikini am Swimmingpool zeigen. Heute würde sich niemand etwas dabei denken, in dem Klima unserer Jugendjahre war so etwas unerhört. Natürlich hat er mir, obwohl ich sein Freund war, diese Bilder nicht gezeigt, aber schon das Erwähnen hat meine Knabenfantasie in Gang gesetzt. Hans, schon damals auf zurückhaltende Art in Ute verliebt, wurde die Korrespondenz unheimlich und er ließ sie einschlafen.

Ende des Kapitels? Aber nein! Man muss kein Psychologe sein, um zu wissen, dass Patricia im exotischen Neuseeland damit nicht vergessen war. Während der vielen folgenden Jahre sprach er immer einmal wieder von Patricia, mit der Frage, ob sie wohl noch lebe und wie es ihr wohl gehe. Als er nach einigen Jahren seiner Arbeit in Zimbabwe schrieb, dass er sich eine Reise nach Australien und Neuseeland vorstellen könnte, dachte ich nur: »Aha!« Diesen noch vagen Plan hat Hans Jahr um Jahr vor sich hergetragen, und wenn er sagte, er könne ja einmal versuchen, etwas über den Verbleib von Patricia zu erfahren, ist ihm von mir und sicher auch von seinen Kindern zugeredet worden, das zu tun. Als er erst einmal bereit war und den Versuch startete, zog er wiederum ein Glückslos, weil seine Nachfrage – Zufall über Zufall – an eine Frau gelangte, die den Familiennamen und die Anschrift von Patricia kannte. Daraufhin hat Hans auch den Mut aufgebracht, an diese Adresse zu schreiben.

In einer Mail vom Mai 2012 schrieb mir Hans, bewusst beiläufig: *»Und eine Neuigkeit habe ich vergessen: Vor etwa einer Woche habe ich die Adresse der Brieffreundin aus Neuseeland ausfindig machen können und stehe mit ihr in Mail-Verbindung.«* Wie Hans später berichtete, war Patricia oder kurz »Trish« verheiratet, hat ihren Mann verloren und lebt mit einem Schaffarmer zusammen, dem 80-jährigen Bruce.

Die Irritation von damals war kein Thema mehr. Sie sei, schrieb Trish, wenig charmant zu sich selbst, »heute ein Fass«, richtiger ist aber, dass Trish eine lebenserfahrene füllige Frau ist, die vor Energie und Lebensfreude geradezu sprüht. Sie nahm das Heft in die Hand, ließ die neue Verbindung nicht mehr abreißen und mischte Hans mit ihren Briefen regelrecht auf. Immer häufiger musste er zum Wörterbuch greifen, um neue Fragen aus Neuseeland zu beantworten, und schließlich erging, wie nicht anders zu erwarten, die dringliche Einladung an ihn, doch einmal hinüber zu fliegen auf die Inseln im Südpazifik hinter Australien.

Beim Aufenthalt im Saarland Ende 2012 ließ sich Hans über Google Earth zeigen, wo Trish heute lebt, und er wurde von allen Seiten gedrängt, die Einladung anzunehmen. In den Weihnachtstagen rief er bei ihr an, nahm die Einladung an und erste Reiseratschläge entgegen. *»Ich freue mich sehr auf Neuseeland«*, schrieb er, wo er nach der Reiseplanung seinen 75. Geburtstag verbringen wird. *»We will be sure to celebrate your birthday«*, schrieb Trish, der 6. Februar sei im Übrigen der Nationalfeiertag des Landes, »Waitangi Day«, der an den Vertrag der

* »Als unser Englischlehrer Herr Berwanger, der immer noch lebt, uns die Adressen von Brieffreunden gab, erhielt Hans Ihre Adresse, wohingegen ich die Adresse eines langweiligen Brieffreundes namens Murugauel in Ceylon/Sri Lanka erhielt. Sie sehen, dass mich dies mit Neid erfüllte. Vielleicht ist das auch der Grund

Briten mit den Maoris im Jahr 1840 erinnere. *»Ich kann es immer noch nicht glauben, dass mein Traum wahr wird,«* schrieb Hans kurz vor dem Abflug, im Ungewissen, was ihn erwartet, *»ich lasse mich überraschen. Es hilft mir, dass Ihr mich in Gedanken begleitet. Mein Koffer ist gepackt – Anne hat mir dabei gefehlt.«*

Hans flog und alsbald wechselte seine abwartende Stimmung in helle Begeisterung darüber, wie er von Trish, Bruce und der ganzen Familie aufgenommen wurde und welche atemberaubend schöne Landschaften ihm gezeigt wurden. Er schrieb keinen Bericht, die vielen Fotos führen aber eine beredte Sprache. So wird Hans zum Abschluss dieses Lebensberichtes noch einmal vor einem ganz anderen Hintergrund gezeigt. Er feierte seinen 75. Geburtstag mit Trish und Bruce, in welcher gelösten Heiterkeit, zeigt das Foto, das Trish mir schickte. Ich hatte meinen Glückwunsch an Hans über sie geleitet und in bemühtem Englisch erklärt, wieso ich dazu komme.

»When our teacher for English Mr. Berwanger, who is still living, gave us the address of penfriends, Hans got your address, while I got the address of a boring penfriend in Ceylon/Sri Lanka, named Murugauel. You see, that I was filled with envy. That is perhaps the reason, that Hans never showed me the photographs which you sent him.

Now we all are elder, parents and grandparents. It's a near-miracle, that Hans found your present-day address, and it's great that you've invited him to visit you. His children and we have pressed him into following your invitation. We hope that these days with Hans will be happy days for him and also for you and for Bruce.

*Please give Hans the following congratulations at 6th February – New-Zealand-time –, when he will be 75 years old.«**

Angefügt ist der Glückwunsch an Hans, den ich hier wiedergebe, weil er eine Art Schlusswort von meiner Seite an den Freund ist.

* dafür, dass Hans mir niemals die Fotos zeigte, die Sie ihm schickten. Jetzt sind wir alle ältere Leute geworden, Eltern und Großeltern. Es ist nahezu ein Wunder, dass Hans Ihre aktuelle Adresse gefunden hat, und es ist großartig, dass Sie ihn eingeladen haben, Sie zu besuchen. Seine Kinder und ich drängten ihn, Ihrer Einladung zu folgen. Wir hoffen, dass Hans, aber auch Sie und Bruce glückliche Tage miteinander verbringen. Bitte lassen Sie Hans die folgenden Glückwünsche am 6. Februar – nach neuseeländischer Zeit –, wenn er 75 Jahre alt wird, zukommen.«

»Hallo lieber Hans, alter Knabe, was für ein tolles Abenteuer, nach der großartigen Feier des 70. Geburtstags in der Stadthalle von St. Ingbert nun den 75. Geburtstag im Haus Deiner Brieffreundin in Neuseeland zu feiern! Wo magst Du dann den 80. Geburtstag feiern, dessen Erleben wir Dir bei altersgerechter Gesundheit wünschen und den wir zu gern zusammen mit Dir erleben würden?

Wir gratulieren Dir ganz herzlich zu diesem stolzen Geburtstag und zugleich noch einmal zu dem Entschluss, die Einladung nach Neuseeland anzunehmen. Um Dein Wohlergehen machen wir uns nicht die geringsten Sorgen. Du wirst eher zu viel als zu wenig Gastfreundschaft erleben und der Feierlaune Deiner Gastgeber Grenzen setzen müssen. Es ließe sich vieles zu diesem Tag sagen, wir machen es aber kurz: Mit vielen Menschen zusammen, Deiner Familie und den vielen Freunden, sind wir glücklich, Dich zu haben, und wünschen Dir, dass weitere frohe und erfüllte Zeiten vor Dir stehen, Zeiten des Gebens und des Nehmens.«

Nach diesem Reiseabenteuer brauchte Hans eine Weile, um wieder richtig »in die Spur zu kommen«. Wo er sonst schon gedanklich in zwei Welten lebt, in Zimbabwe und im Saarland, lebt er jetzt eine Weile bei weiterem regem Austausch mit Trish gleich in drei verschiedenen Welten. Das ist schon anstrengend, denn je älter wir werden, desto stärker hängen wir am Gewohnten, und für Hans in St. Luke's ist das uns Ungewöhnliche zum hauptsächlich Gewohnten geworden – dort will er bleiben.

Rückblick und Ausblick

Kurz nach Aufnahme seiner Arbeit in St. Luke's dachte Hans einmal über die Beendigung seiner Arbeit in St. Luke's nach: *»Wenn ich hier* *einmal aufhöre, werde ich mich in aller Stille verabschieden. Ich hoffe nur, dass ich nicht unfreiwillig Abschied nehmen muss – aber was sind das für Gedanken nach fünf Monaten Probezeit?!«* Aus den fünf Monaten sind zehn Jahre, dann zwölf Jahre und noch mehr geworden. Hans hat ausgehalten, vieles ertragen, aber glaubhaft erklärt, es sei für ihn kein Opfer, sondern die Erfüllung seines Traums. Das ist keine gespielte Bescheidenheit, so ist er und so denkt er.

Er hat die ärztliche Leitung des Krankenhauses abgegeben, seine ärztliche Bestallung, hat seine medizinischen Bücher verschenkt, wie um das zu bestätigen. Dieser »Abschied von der Medizin« ist ihm schwer gefallen. Warum dann noch in Zimbabwe bleiben? Einerseits erlebt er keine völlige Abkehr von der Medizin. Er schreibt, dass die Jungärzte Operationen wie den Kaiserschnitt zwar selbstständig ausführen, *»und sie machen es besser als ich«*. Für eine Arbeit wie in den Anfangsjahren, sagt er in einem Zeitungsinterview, sei er einfach zu alt. *»Es geht nicht mehr so wie zu Beginn.«* Das muss ihn im Alter hoch in den Siebzigern nicht wundern, wo hierzulande gestritten wird, ob ein Arbeiten über die 65 Jahre hinaus verlangt werden kann. Es bleibt für ihn aber eine wichtige Rolle: *»Die Jungärzte ziehen mich zu Rate, wenn sie an ihre Grenzen kommen. Bei der Indikation zu Operationen oder bei Komplikationen werde ich weiter gefragt.«* Hans Schales will außerdem, wenn die Gesundheitsbehörden mitspielen, verstärkt zu den Krankenstationen im Busch fahren, dort die Kranken untersuchen und eine bisher fehlende Krebsvorsorge vornehmen. Neben diesem fortdauernden ärztlichen Wirken sieht er noch einen weiteren Grund für sein Bleiben und formuliert ihn im Gespräch mit Karl-Heinz Hein-Rothenbücher vom Missionsärztlichen Institut Würzburg so (SZ vom 22. November 2012): *»Durch mein Dableiben will ich ein Zeichen geben, dass ich an die Menschen in und um St. Luke's glaube.«*

Der Förderverein passt sich in seinen Zielen an diese Entwicklung flexibel an. Die Hilfe für das Krankenhaus kann auf das Maß zurückgefahren werden, das notwendig ist, um es auf dem Weg zu Selbständigkeit und Selbstverantwortung in afrikanischer Hand zu begleiten. Der Schwerpunkt der Unterstützung verlagert sich von dem Krankenhaus hin zu den Schulen, in denen den Kindern neben der allgemeinen Schulbildung auch eine »Gesundheitsbildung« vermittelt werden kann. *»Im Übrigen«*, sagt Oliver Schales offen, *»ist das Afrikaprojekt kein Projekt für die Ewigkeit«.*

Einstweilen lebt Hans Schales weiter in St. Luke's. Er wünscht sich nichts anderes und hat Zeit darüber nachzudenken, auf welchem Weg ihn das Schicksal geführt hat, um nun auf ein gelungenes Leben zurückschauen zu können. Er hat mir das Konzept zu einem Vortrag überlassen, den er nicht hat halten müssen. Darin beschreibt er, wie er sich während der afrikanischen Jahre gewandelt hat: *»Ich musste erst sprachlos werden, zuhören und mir etwas sagen lassen, nicht den Mangel des Anderen, sondern dessen Gleichwertigkeit erkennen, nicht missionierend, sondern missionarisch wirken.« Dann fährt er, bildhafter und anschaulicher, fort: »Jetzt als älter Werdender denke ich öfters über meinen Weg nach, was ich Besonderes getan habe. Dabei fällt mir ein, was ich vor einigen Monaten erlebt habe: Eine junge Frau, die ich durch Kaiserschnitt entbinden musste, bat mich am Entlassungstag, ihr die Fäden zu entfernen. Ich sagte ihr, das sei die Aufgabe der Krankenschwester. Sie antwortete mir: ›Ich weiß das, aber Sie haben so gute Hände!‹ – Es sind die kleinen Dinge, die die Welt verändern.«*

Die Frage, wo einmal sein Leben zu Ende gehen wird, ob er in der neuen oder in der alten Heimat in Gottes Hand fallen wird, bewegt Hans Schales nicht. Aber noch lebt er ja, zum Nutzen vieler und zur Freude aller, die ihn kennen.

Hans Schales mit seinen Kindern Anne und Oliver
und dem Autor dieses Buches, Dietmar Moench.

Dr. Dietmar Moench, im Jahr 1939 in Heidelberg geboren, hat im saarländischen St. Ingbert drei Schuljahre mit Hans Schales als Klassenkameraden verbracht, wichtige Jugendjahre, in denen das freundschaftliche Verhältnis zwischen Jungen allmählich vom Interesse an den Mädchen überlagert wird. Die enge Freundschaft aus dieser Zeit hat überdauert, auch als sich die Wege getrennt haben, erst schulisch und dann beruflich, als der Freund Medizin studierte, um als Arzt nach Afrika zu gehen, und er die Rechtswissenschaft, um seine Berufszeit in der saarländischen Finanzverwaltung zu verbringen. Seine Schreibfreude, die er im Beruf genutzt hat, um Bücher in seinem Fachgebiet der Erbschaftsteuer zu verfassen, hat er in den Jahren des Ruhestands eingesetzt, um engen brieflichen Kontakt mit dem Freund in Afrika zu halten und in diesem Buch ein Bild von dessen exemplarischem Leben zu zeichnen.

Als Autor des Buchs verzichtet er auf sein Honorar; es fließt dem Förderverein zu, der die Arbeit von Hans Schales unterstützt.

SCHAUMBERG

Die Edition Schaumberg wurde im Jahr 2008 von dem Typografen
und Buchgestalter Thomas Störmer gegründet.
Die Edition Schaumberg verlegt Publikationen zur regionalen
Geschichte und Kultur, Biografien, Reisebeschreibungen,
Krimis und Erzählungen, Zeitschriften, Broschüren, Reprints
und spezielle technische Literatur.
Ein wichtiger Aspekt – neben den Buchinhalten – bildet die
typografisch einwandfreie Gestaltung der Werke sowie
ein gekonnter Umgang mit Schrift und Bild.

Edition Schaumberg
Brunnenstraße 15 · 66646 Marpingen-Alsweiler
Telefon (06853) 502380
info@edition-schaumberg.de · www.edition-schaumberg.de